幸せをよぶ

むなかた

下川弘／小林晃子／小幡嘉代 共著

幸せをよぶ　むなかた　目次

第1章　宗像ってどこ？ ……………… 17

第2章　宗像のお神様 ……………… 23

ー宗像大社の御祭神について

ー宗像三女神の誕生

　・実は、宗像三女神のお名前は「古事記」と「日本書紀」で少しずつ違うんです

　・東京にある"八王子"名前の由来は、誓約で生まれた八柱の神様

ー神勅＝天照大神のお言葉

ー道主貴～あらゆる道を司る最高神～

ー御利益と御神格

ー宗像三女神が年に一度 お集まりになる　宗像大社秋季例大祭

ー宗像三女神こぼれ話

　・広島県宮島にある厳島神社

　・「イツクシマ」と「イチキシマ」

　・京都御苑に行ってみると

　・京都御苑にある宗像神社と厳島神社

　・弁財天

ー日本三大弁財天　江島神社（神奈川県）

第3章　世界遺産と沖ノ島

幸せをよぶ　むなかた　目次

幸せをよぶ　むなかた　目次

あとがき・著者 紹介

　　・下川　弘
　　・小林　晃子
　　・小幡　嘉代

協賛
後援
協力

世界遺産、歴史、文化、景色、海の幸、山の幸…
そんな魅力あふれるまち むなかた には、
人をしあわせにするチカラがある─

『幸せをよぶ　むなかた』出版に寄せて

株式会社はせがわ相談役／C&C21 研究会会長

長谷川裕一

　このたび『幸せをよぶ　むなかた』が、宗像をこよなく愛する下川弘さん・小林晃子さん・小幡嘉代さんのお三方の手によって出版の運びとなられましたこと、心から"おめでとう！"とお慶び申し上げます。

　むなかたは、元は「胸」と「肩」、即ち我が国の根幹をなす所という意で、「天照大神」の三柱の御子神「宗像三女神」を祀る『宗像大社』、「宗像三女神」と、「織幡明神」「許斐権現」の本地仏五体を合祀する弘法大使創立の『鎮国寺』と、神代の時代から日の本の国を守り支えてきた聖地です。妙好人の武丸正助さん、出光の創業者出光佐三さん、日本アカデミズムの巨匠中村健一画伯等、豊かな郷土に数多くの偉人も輩出しています。

　2017 年 7 月、「神宿る島」宗像・沖ノ島と関連遺産群が、ユネスコの世界遺産条約（世界の文化遺産及び自然遺産の保護に関する条約）に基づき世界遺産に登録されました。また、2014 年「海の鎮守の森」構想のもと設立された「宗像国際環境会議」は、急激に変化する海への提言・情報の発信源として SDGs の視点からも世界的に注目を浴びています。

　古から今日までの宗像の魅力満載の『幸せをよぶ　むなかた』が、宗像市民だけでなく福岡県民、九州、日本の方々の誇りとなり、宗像がますますのご発展を遂げられますことを祈念いたします。

令和 5 年 5 月

PLOFILE

　1940 年福岡県直方市生まれ。'63 年龍谷大学文学部仏教学科卒業後、家業の長谷川仏壇店に入店。'66 年法人化(株)長谷川仏壇店(現(株)はせがわ)設立。専務取締役となる。'82 年（株）はせがわ代表取締役社長就任、2008 年同代表取締役会長就任、'14 年同相談役に就任。現在に至る。社業のさらなる発展に努める一方、遠州流茶道連盟理事長、田子ノ浦部屋後援会会長など日本文化の普及や、(一社) 博多 21 の会初代会長、(一社) 日本ニュービジネス協議会連合会第 2 代会長、C&C21 研究会会長、九州経済フォーラム創立者など日本経済界・九州経済界の牽引者として活躍してきた。著書に「商人道」((株) はせがわ)「お仏壇の本」（チクマ秀版社）「日本流仕事はしあわせの種まき」（ダイヤモンド社）。

『幸せをよぶ　むなかた』出版に寄せて

「『神宿る島』宗像・沖ノ島と関連遺産群」　世界遺産応援大使
歌手　森口博子

　「『神宿る島』宗像・沖ノ島と関連遺産群」の世界遺産登録5周年おめでとうございます。平成22年（2010年）に登録に向けての応援大使のお話をいただいた時は、深い御縁を感じて本当に驚きました。

　というのも私自身は福岡市内で生まれ育ったんですが、実は私の母がこの宗像市東郷の出身で、私が3歳の時に東郷の摩利支神社のお祭りで開催されたのど自慢で歌を披露した事もあるんです。よく祖父母の家にも遊びに行きました。裏庭が田んぼのあぜ道に続いていて、晴れた日にひばりが囀る中、柔らかな光に包まれながらお散歩した光景が今でも忘れられません。もう、すっかり様変わりしてしまいましたが、時々思い出して脳内でそのまっすぐな道を歩くとノスタルジックな気持ちになって涙する事も。その後、応援大使のお話をいただいてすぐに宗像大社にお参りに行った際に、大変不思議なことが起こりました！宗像大社本殿の裏に神様が降臨したと言われる「高宮祭場」と言う緑に囲まれた神聖な場所があるのですが、そこへ向かう途中の道にあるいくつもの行燈が、

世界遺産応援大使任命式にて
（2010年10月）

お母様の花村玉枝さんと森口博子さん

私の歩くリズムに合わせてパッパッパと灯いたんです。

　夕暮れ時でしたが、私はてっきりセンサーで明るくなったと思っていたら帰りは消えていたんです。案内してくださった神職の方にお尋ねしたところ、「手動なので、私も不思議だなと思っていました。何度もここを通っていますが、こんな事初めてです。きっと神様が歓迎してくれているのでしょう。」とおっしゃられて、感動で鳥肌が立ちました。それからと言うもの、お仕事で理想の、いや！それ以上の奇跡のような出来事にたくさん巡り会えています。

　近年はデビュー作でもあります『機動戦士Ζガンダム』のオープニングテーマ「水の星へ愛をこめて」をはじめ、さまざまなガンダムソングをレコーディングしたアルバム「GUNDAM SONG COVERS」シリーズが３作品ともオリコンウィークリー３位以内にランクインしたり、日本レコード大賞・企画賞を受賞したり、新曲・映画『機動戦士ガンダムククルス・ドアンの島』主題歌「Ubugoe」もトップ10入りしたりと、たくさんの方々に聴いていただくようになりました。50代に入って益々音楽人生が豊かになり心の底から幸せです。感謝の気持ちでいっぱいです。応援して下さっているファンのみなさん、スタッフの方々、家族や友人、地元の方々はもちろん、これも「（芸能の）道の神様」でもある宗像の神様のおかげだと思っております。そして、宗像に行く度に祖父母やご先祖様といつも以上に繋がっている、生かされていると実感します。そんな偉大な宗像をご紹介するこの本は、まさに読者の皆様にとって「幸せをよぶ」大切な一冊になるのではないかと思っております。

2023年5月

世界遺産応援大使任命式にて（2010年10月）
Photo：下川弘

お母様は宗像出身歌手／世界遺産応援大使
森口博子さん Hiroko Moriguchi

森口博子オフィシャルサイト

[Website] https ://www mogeshan net/
[Twitter] @hiloko_m
[YouTube] http ://youtube com/c/hiroko_m/
[Blog] https ://ameblo jp/hiroko moriguchi/

Photo：(株)ノーリーズン

PLOFILE

　1985 年にテレビアニメ『機動戦士 Z ガンダム』オープニングテーマ『水の星へ愛をこめて』でデビュー。 1991 年には映画『機動戦士ガンダム F 91』主題歌『ETERNAL WIND ～ほほえみは光る風の中』がヒットし、初のオリコン週間シングルランキングベスト 10 入りを果たす。 同年から 6 年連続で NHK『紅白歌合戦』にも出場。 音楽活動のみならず、テレビ・ラジオ・CM・舞台など幅広く活躍の幅を広げる。 近年は 大人のためのガンダムソングカバー をコンセプトに制作したアルバム『GUNDAM SONG COVERS』シリーズが大ヒットし、2022 年 3 月にはその 最新作『GUNDAM SONG COVERS 3』をリリース。 シリーズ 3 作品全てがオリコン週間アルバムランキングにてベスト 3 以内にランクインし、累計出荷枚数は 25 万枚を突破した。 2022 年 6 月に公開された映画『機動戦士ガンダム ククルス・ドアンの島』の主題歌『Ubugoe』が 29 年ぶりにオリコン週間シングルランキングトップ 10 入りを果たし、インターバル記録女性アーティスト歴代 3 位となる。 ボーカリストとして成長し続ける、彼女の快進撃は止まらない。

『幸せをよぶ　むなかた』出版に寄せて

むなかた応援大使　グエン・ラン・フン

「『神宿る島』宗像・沖ノ島と関連遺産群」の世界遺産登録 5 周年おめでとうございます。ベトナムで、映画・舞台・テレビなどで女優をしていますグェン・ラン・フンです。私は 1998 年の 12 歳の時に、「アジア太平洋こども会議イン福岡（APCC）」のベトナム代表のこども大使として、また 2008 年にピース大使として来福し、宗像にあるグローバルアリーナに宿泊したことがありました。

　そして、2015 年に宗像が世界遺産登録を目指すことを聞いて、何かお手伝い出来ることはないかと考えていたところ、丁度 APCC からこども会議への招待があり福岡を訪れ、併せて宗像市を訪問しました。

　そして、あらためて 2016 年に宗像市応援大使を拝命して、以来母国ベトナムにて宗像の紹介を You Tube などの SNS で発信をしています。

　何度も宗像を訪れましたが、自然の豊かさだけでなく、美味しい食べ物やお買い物、すべてがワクワクしてしまいます。この本を拝見して、また宗像に行きたくなりました。今は結婚もし、一人娘がいますので、家族で宗像を訪れたいと思っています。

2023年 5月

むなかた応援大使任命式にて（2016年11月）
Photo：松山隆佳

APCCベトナムこども大使として来日
宗像で研修したご縁から宗像市応援大使
ベトナム女優 グエン・ラン・フンさん

Photo：：松山隆佳

家族写真
Photo: Lan Phuong

Lalina kids cafe
FaceBook

グエン・ラン・フン
FaceBook

PLOFILE

　ベトナムハノイ出身。2002 年から舞台女優として活動しており、2004 年ホーチミン市映画演劇学校卒業学士号取得。2006 年国際貿易大学ベトナム卒業学士号取得。これまでに数多くのテレビシリーズ番組と映画に出演。

　2013 年にはベトナム国営放送 VTV と日本の TBS との共同製作による日越国交 40 周年スペシャルドラマ「The Partner ～愛しき百年の友へ～」に東山紀之さんの恋人役として、また 2005 年には NHK「アジア語楽紀」2013 年に同「おとなの基礎英語～ベトナム編～」と日本の TV 番組にも出演。

　1998 年、2008 年に「アジア太平洋こども会議イン福岡（APCC）」にそれぞれこども大使、ピース大使として来日。2016 年から宗像市応援大使となる。

　2018 年結婚、現在一児の母として「Lalina kids cafe」を経営するとともに、テレビ、舞台、映画と活躍中。

第1章

宗像ってどこ？

宗像ってどこ？

福岡県

北九州市

宗像市
MUNAKATA

福岡市

福岡
FUKUOKA

福岡県の北九州市と福岡市の間にあります!!

主な見どころエリア

歴史と自然を感じるエリア

宗像大社・鎮国寺の祈りのエリア

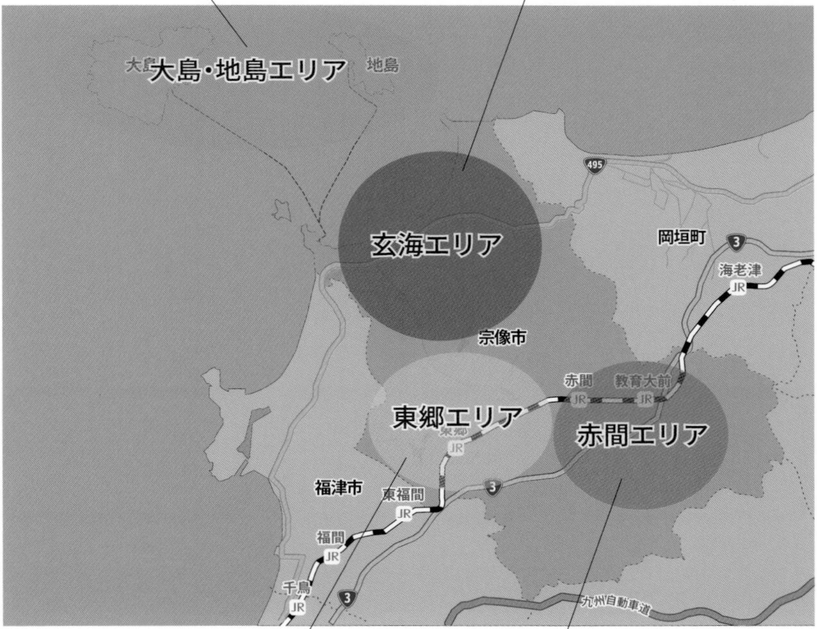

大島・地島エリア

地島

玄海エリア

岡垣町

海老津 JR

495

3

宗像市

赤間 教育大前 JR

東郷エリア
東郷 JR

赤間エリア

福津市

東福間 JR

福間 JR

3

千鳥 JR

3

九州自動車道

唐津街道を中心とした観光エリア

現代のリノベーションエリア

宗像へのアクセス

JR九州 鹿児島本線 利用

博多駅から（小倉、下関方面行に乗車）
小倉駅から（博多、久留米方面行に乗車）

東 郷	赤 間	教育大前
とう ごう	あか ま	きょういくだいまえ
JR九州鹿児島本線	JR九州鹿児島本線	JR九州鹿児島本線

停車する電車
　特急：「きらめき」一部停車
　　　　「ソニック」一部停車
　快速：「快速」「区間快速」
　普通：「普通」

停車する電車
　特急：「きらめき」
　　　　「リレーかもめ」
　　　　「にちりんシーガイア」
　　　　「ソニック」
　快速：「快速」「区間快速」
　普通：「普通」

停車する電車
　快速：「区間快速」
　普通：「普通」

北口
バス・タクシー乗場

北口
バス・タクシー乗場

↓

↓

宗像大社方面へ
玄海エリア方面へ

赤間エリアへ
玄海エリア方面へ

赤間エリアへ
唐津街道方面へ

バス・自家用車利用

福岡方面から
西鉄バス・急行 赤間営業所行
　　　　　26A 赤間営業所行（路線バス）

福岡方面/北九州方面から
九州自動車道　若宮ICまたは古賀ICで下車
国道3号線（光岡交差点〜城山峠）

宗像を廻るモデルコース

1日コース

09:00	東郷駅着
09:30	宗像大社（辺津宮） 参拝
10:30	海の道むなかた館 見学
11:30	鎮国寺参拝
12:30	昼食 （道の駅むなかた）
13:30	織幡神社参拝 （沖ノ島参拝）
15:00	唐津街道見学 （赤馬館・勝屋酒造） （出光佐三展示館）
17:00	教育大前

1泊2日コース

◆1日目◆

09:00	赤間駅着
09:30	唐津街道見学 （赤馬館・勝屋酒造） （出光佐三展示館）
11:00	織幡神社参拝
12:00	昼食 （道の駅むなかた）
13:00	辺津宮・高宮祭場参拝 神宝館見学
14:30	海の道むなかた館見学
16:00	鎮国寺参拝
17:00	新原・奴山古墳群見学
17:30	神湊 （フェリー移動）
18:00	大島 宿泊 （夕食・就寝）

◆2日目◆

09:00	中津宮参拝
10:00	沖津宮遥拝所 （沖ノ島参拝）
11:00	大島島内見学 砲台跡、風車 大島灯台・馬蹄岩 御嶽山など
13:30	昼食
14:30	夢の小夜島 大島交流館 かんす海水浴場など
16:00	大島港 （フェリー移動）
17:00	神湊着
17:30	東郷駅着

タクシー会社

グリーンタクシー
0940-33-3303

みなとタクシー
0940-33-1331

宗像西鉄タクシー
0940-32-4514

新星交通
0940-36-2138

第 2 章
宗像のお神様

宗像大社の御祭神について

宗像大社は天照大神の三柱の御子神を
お祀りされています。

三女神のお名前は

<ruby>田心姫神<rt>たごりひめのかみ</rt></ruby>（沖津宮）

<ruby>湍津姫神<rt>たぎつひめのかみ</rt></ruby>（中津宮）

<ruby>市杵島姫神<rt>いちきしまひめのかみ</rt></ruby>（辺津宮）

と申し上げ、田心姫神は沖津宮、湍津姫神は中津宮、
市杵島姫神は辺津宮 におまつりされており、この三
宮を総称して「宗像大社」と申します。

出典：宗像大社 HP より

「宗像三女神」（ミュージカル宗像三女神記念作品）
作：Colorhythm Risa

宗像三女神の誕生

天照大神と素戔嗚命の誓約により誕生

<ruby>天照大神<rt>あまてらすおおみかみ</rt></ruby> <ruby>素戔嗚命<rt>すさのおのみこと</rt></ruby> <ruby>誓約<rt>うけい</rt></ruby>

　天照大神は、素戔嗚命の"十握の剣"を「天の真名井」から湧き出る清水ですすぎ、カリカリとかんで霧を噴き出し、三柱の女神をお産みになられました。

　素戔嗚命は、天照大御神の"勾玉"を、「天の真名井」から湧き出る清水ですすぎ、カリカリとかんで霧を噴き出し、五柱の男神をお産みになられました。（八王子の云われ）その後、天照大神は三柱の女神を海路におかれ、歴代の天皇をお助けするようにと命じられ（神勅）、三柱の女神は、筑紫の宗像君がまつる神となられました。

「日本書紀」巻第一より

誓約により生まれた三女神　　　　　作：下川弘

実は、宗像三女神のお名前は「古事記」と「日本書紀」で少しずつ違うんです。

『古事記』

天武天皇の時代に立案され712年元明女帝の時代に完成。

「故爾に各天安河を中に置きて宇気布時に、天照大御神、先づ建速須佐之男命の佩かせる十拳劔を乞ひ度して、三段に打ち折りて、奴那登母母由良に、…天の眞名井に振り滌ぎて、佐賀美邇迦美て…吹き棄つる氣吹の狭霧に成りませる神の御名は、**多紀理毘賣命**、…亦の御名は**奥津嶋比賣命**と謂す。次に**市寸嶋比賣命**、亦の御名は**狭依毘賣命**と謂す。次に**多岐都比賣命**。…多紀理毘賣命は、胸形の奥津宮に坐す。次に市寸嶋比賣命は、胸形の中津宮に坐す。次に田寸比賣命は、胸形の邊津宮に坐す。此の三柱の神は、胸形の君等が以ち伊都久三前の大神なり。…故此の大國主神、胸形の奥津宮に坐す神、多岐都比賣命に娶ひて生みませる子、阿遲鉏高日子根神。次に妹高比賣命、亦の名は下光比賣命。此の阿遲鉏高日子根神は、今、迦毛大御神と謂す者なり」

出典：むなかた電子博物館紀要
第２号「文献にみる宗像三女神降臨伝承について」平松秋子より

- 沖ノ島の沖津宮　多紀理毘売命（たぎりひめ）　別名　奥津島比売命（おきつしまひめ）
- 大島の中津宮　市寸島比売命（いちきしまひめ）　別名　狭依毘売（さよりびめ）
- 田島の辺津宮　多岐都比売命（たぎつひめ）　別名　田寸比賣命

『日本書紀』 720年、元正天皇の時代に完成。

「是に天照大神、乃ち素戔嗚尊の十拳劍を索ひ取、打ち折りて三段に為し、天眞名井に濯ぎ…さがみに咀嚼みて、吹き棄つる氣噴の狭霧…に生まるる神を、號けて 田心姫 と曰す。次に 湍津姫 。次に 市杵嶋姫 。凡て三柱の女神 と申します。…此即ち、筑紫の胸肩君等が祭る神、是なり。

出典：むなかた電子博物館紀要 第2号
「文献にみる宗像三女神降臨伝承について」平松秋子 より

本文
- 沖津宮—田心姫（たごりひめ）
- 中津宮—湍津姫（たぎつひめ）

第一の一書
- 沖津宮—瀛津嶋姫（おきつしまひめ）
- 中津宮—湍津姫（たぎつひめ）
- 辺津宮—田心姫（たごりひめ）

第二の一書
- 沖津宮—市杵嶋姫（いちきしまひめ）
- 中津宮—田心姫（たごりひめ）
- 辺津宮—湍津姫（たぎつひめ）

第三の一書
- 沖津宮—瀛津嶋姫（おきつしまひめ）　別名 市杵嶋姫（いちきしまひめ）
- 中津宮—湍津姫（たぎつひめ）
- 辺津宮—田霧姫（たぎりひめ）

出典：フリー百科事典『ウィキペディア（Wikipedia）』宗像三女神より

東京にある“八王子”名前の由来は、

誓約で生まれた八柱の神様

仏教の守護神である牛頭天王には頗梨采女との間に8人の子（八王子）がいるとされており、これを祀ったのが八王子神社ですが、神仏習合下の両部神道に由来し、スサノオと天照大神との誓約で化生した五男三女神に変えられました。

つまり、

八柱神様の内、三柱は宗像三女神

ということです。

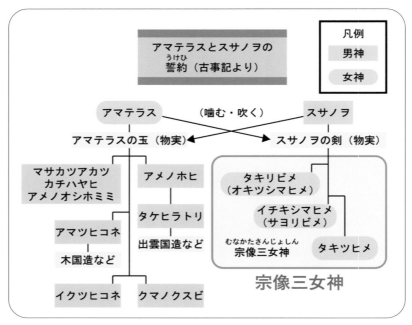

出典：フリー百科事典『ウィキペディア（Wikipedia）』宗像三女神より

神勅（しんちょく）
＝天照大神のお言葉

　日本最古の歴史書といわれる「日本書紀」には、「歴代天皇のまつりごとを助け、丁重な祭祀を受けられよ」との神勅（しんちょく）により、三女神がこの宗像の地に降られ、お祀りされるようになったことが記されています。

　つまり、天皇家と関わりを持った神社と言うことです。ですから、辺津宮神門の扉には天皇家の「菊の御紋」があるのです。

（P92参照）

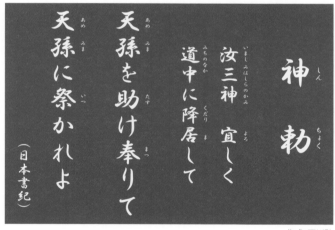

神勅（しんちょく）

汝三神（いましみはしらのかみ）　宜（よろ）しく

道中（みちのなか）に降居（くだりま）して

天孫（あめみま）を助（たす）け奉（まつ）りて

天孫（あめみま）に祭（いつ）かれよ

（日本書紀）

作成：下川弘

※天孫（あめみま）＝歴代天皇

宗像三女神は、
またのお名前を「道主貴」と申し上げます。
（みちぬしのむち）

「貴」とは最も高貴な神に贈られる尊称で、「日本
書紀」には宗像三女神が「道主貴」、すなわち国民の
あらゆる道をお導きになる最も尊い神として崇敬
を受けたことが記されています。
この「貴」の名がつくのは、道主貴（宗像三女神）
以外には、

伊勢神宮の天照大神は、大日霊貴
（おおひるめのむち）
出雲大社の大国主命は、大己貴
（おおなむち）

のお二人だけです。

これを見ても、宗像三女神が、いかにご神徳が高い神様で
大切に扱われている神様かが、よくわかります。

御利益と御神格

　道を司る最高の神様である宗像三女神は、遣唐使や遣隋使など、朝鮮半島との往来をするための航海の安全を祈ってきました。現代では、自動車の普及に伴って「交通安全の神様」として全国に知られるようになりました。

柔道・剣道・華道、茶道、芸の道なども
その道を極めることになりますので、
プロフェッショナルに頑張って
いる人を応援する神様とも言える
かもしれません

御利益・御神徳

○航海安全
○交通安全
○海上安全
○大漁
○商売繁盛
○技芸上達
○福徳円満
○国家安泰
○金運財運向上

御神格

○海の神様
○水の神様
○道の神様
○財福の神様
○芸能の神様

Photo:トヨタECOMISSIONHPより

宗像三女神が年に一度 お集まりになる
宗像大社秋季例大祭（10月1日〜3日）

10月1日

【中津宮・大島 】
08:00 出御祭（田心姫神 湍津姫神）

海上神幸みあれ祭
09:20 大島港出港
10:40 神湊港着

【辺津宮・本土 】
09:00 出御祭（市杵島姫神）
09:20 神湊港到着
11:00 駐輦祭（田心姫神 湍津姫神 市杵島姫神）

陸上神幸
11:30 玄海コミュニティ出発
12:30 辺津宮入御祭

海上神幸　みあれ祭の様子　　　　Photo：宗像大社提供

秋季例大祭は宗像大社にとって最も大切な
お祀りであり、「みあれ祭」からはじまり、
古式ゆかしい「高宮神奈備祭」で幕を閉じます。

10月2日

08:00 **流鏑馬神事** 奉納
11:00 例 祭 (主基地方風俗舞奉奏)
11:40 翁舞奉奏
14:00 末社祭

10月3日

10:00 秋季例大祭／高宮祭場、第二宮第三宮
　　　宗像護国神社
11:00 秋季総社祭(浦安舞)
14:00 献茶祭(南坊流滝口社中)
18:00 **神奈備祭** ／高宮祭場
　　　(悠久舞)

神奈備祭での悠久舞　　　　Photo:宗像大社提供

宗像三女神 こぼれ話

広島県宮島にある厳島神社

Q　海の中に鳥居や社殿が建って，1996年に世界文化遺産に登録されたことで有名な広島安芸の宮島にある「厳島神社」でお祀りしている神様は、どなたでしょうか？

広島安芸の宮島「厳島神社」　出典：厳島神社 HP

A. 厳島神社のHPの写真には

御祭神

市杵島姫神命
<small>いちきしまひめのかみ</small>

田心姫神命
<small>たごりひめのかみ</small>

湍津姫神命
<small>たぎつひめのかみ</small>

と書かれています。
つまり

厳島神社は宗像三女神をお祀りしているのです。

ここが
ポイント

伊都岐島・厳島の読み方は
「イツクシマ」
宗像の三女神の市杵島姫命は
「イチキシマ」

※厳島神社の社伝によると、

　推古天皇元年（593 年）、当時の有力豪族・佐伯
鞍職が社殿造営の神勅を受け、勅許を得て御笠
浜に市杵島姫命を祀る社殿を造営したことに始
まり、「イツクシマ」という社名も「イチキシマ」
が転じたものとする説もあります。

さらに 京都御苑に行ってみると

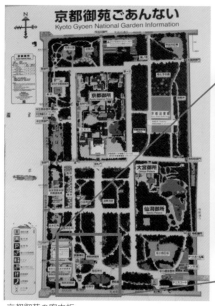

京都御苑の案内板

京都御苑の設立は延暦14年（795年）
（平安京遷都の翌年）

京都御苑の案内板（拡大）　　photo:下川弘

宗像神社と厳島神社が並んで
お祀りしてあります!!

京都御苑にある宗像神社と厳島神社

京都御苑内にある宗像神社

神社には上の看板がある。

厳島神社（池の弁財天）

御祭神

宗像三女神（むなかたさんじょしん）

○田心姫神（タゴリヒメノカミ）
○湍津姫神（タギツヒメノカミ）
○市杵島姫神（イチキシマヒメノカミ）

祇園女御（ぎおんにょご）（平 清盛公の母君）

京都御苑内にある厳島神社

photo:下川弘

"池の弁財天"って
どういうこと!?

　弁天様こと七福神の弁財天とは、もとはインドの古代神話に登場する水の神様。七福神の中では唯一の女神で、中国経由で日本に伝わり、弁財天となったといわれてます。

　もともとは別の神様。

　奈良時代頃から"神仏習合"という考えが広がり、平安時代には、神は仏が権(かり)に形を変えてこの世に現れたと考える"本地垂迹説(ほんじすいじゃく)"という思想が広がりました。

弁天様と市杵島姫神は下記の共通点から同一視された様です。

　　○美しい女神
　　○水を司る神
　　○芸能・学問などの御利益がある

ということは、鎌倉にある"江ノ島"の弁天様(江島神社)は,宗像の神様ということになりますね。

⇒調べてみたら!!

日本三大弁財天
江島神社（神奈川県）

　江島神社の御祭神は、天照大神が須佐之男命と誓約されたときに生まれた神で、三姉妹の女神様です。

- 奥津宮の多紀理比賣命（たぎりひめのみこと）
- 中津宮の市寸島比賣命（いちきしまひめのみこと）
- 辺津宮の田寸津比賣命（たぎつひめのみこと）

　この三女神を江ノ島大神と称しています。古くは江ノ島明神と呼ばれていましたが、仏教との習合によって、弁財天女として信仰されるに至り、海の神、水の神の他に、幸福・財宝を招き、芸道上達の功徳を持つ神として、今日まで仰がれています。福岡の宗像大社や、広島の厳島神社と御同神でもあられます。

Photo:小幡嘉代

江島神社 三宮の御案内
辺津宮・中津宮・奥津宮の三宮を総称して江島神社と称す

辺津宮（下之宮）御祭神‥‥‥田寸津比賣命
土御門天皇 建永元年（一二〇六年）源實朝が創建現在の社殿は元禄二年（一六八九年）の御造営で平成八年の御改修により格天井には花鳥画が施された江島神社の妙音弁財天像拝観所である。浅草寺の所轄・弘法大師による弁財天像始め十五童子像・鎌倉四名石の一つ亀甲石・御神木・山田流箏曲関根 山田検校像等がある

中津宮（上之宮）御祭神‥‥‥市寸島比賣命
文徳天皇仁壽三年（八五三年）慈覚大師が創建天保十三年（一八四二年）再建源頼朝 奉納石鳥居・酒井抱一画の八方睨みの亀・八十貫の力石・宋国伝来の古碑・福石・白龍銭洗池・御神水の姉びの樹等があり境内には歌舞伎座より奉納された石灯籠がある

（例祭九月九日）

奥津宮（御旅所）本宮 御祭神‥‥‥多紀理比賣命
天保十三年（一八四二年）再建八坂神社・秋葉稲荷社が境内社として鎮座する

四月初の巳の日
十月初の亥の日
（第一・第二鳥居よりなり約一五〇メートルである）欽明天皇十三年（五五二年）にこの欽明天皇の御代より連綿と継承されている

Photo:小幡嘉代

40

江島神社の三宮（辺津宮・中津宮・奥津宮）

辺津宮　　　　　　　　　　　　　　　Photo:小幡嘉代

中津宮　　　Photo:小幡嘉代

奥津宮　　　Photo:小幡嘉代

全国に
"宗像三女神"を祀っている神社が
たくさんあります。

　全国各地にある宗像三女神の神社のほとんどは、北九州の玄界灘にある「宗像大社」か、広島県の宮島の「厳島神社」のどちらかから分霊されたものだそうです。

　また、神仏混合により、イチキシマヒメが弁財天と同神とみなされるようになったため、全国の宗像系神社・厳島系神社の多くで、同時に弁財天も祀られるようになりました。そのため、宗像三女神を主祭神と祀っている神社は、全国6200社にのぼります 。

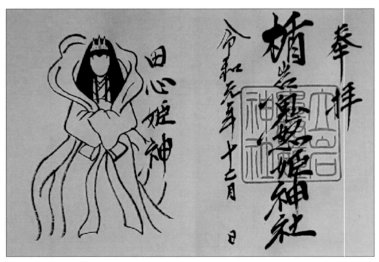

栃木県日光市鬼怒川「楯岩鬼怒姫神社」の御朱印　　　　　　　　　Photo:下川弘

宗像三女神をお祀りする神社

　宗像の神は古くから各地に分霊が祀られ、『日本三代実録』
（901 年）には、既に六社が記載されています。

1. **宗像神社** 京都市松尾大社摂社
2. **宗形天神** 諫早市
3. **宗像神社** 京都御所苑内
4. **伊都岐嶋宗像小専神** 廿日市市厳島神社
5. **丹後恩津島神** 舞鶴市老人島神社
6. **宗像神** 長門市

『延喜式』(927 年)には、
1. **宗像神社** 奈良県桜井市
2. **櫟谷神社** 京都市櫟谷宗像神社松尾大社摂社
3. **松尾大社** 京都市
4. **厳島神社** 廿日市市
5. **田島神社** 唐津市
6. **田島神社** 稲沢市尾張大國霊神社別宮
7. **奥津嶋神社** 近江八幡市
8. **胸形神社** 小山市
9. **隠津島神社** 福島県
10. **宗形神社** 米子市
11. **宗形神社** 赤磐市
12. **宗形神社** 岡山市

などが記載されており、『国
内神名帳』（863 年）には、宗
像の社名は全国に九十社あり
ます。その他、現在では青森
県の善知鳥神社、神奈川県の
江ノ島神社などがあり、全国
には約六千二百社の神社に祀
られています。

『宗像三神奉斎神社調』
（昭和 19 年 宗像神社史料二幅）

出典：宗像大社HPより

宗像は
「神郡宗像」と呼ばれていた

<ruby>神郡宗像<rt>しんぐんむなかた</rt></ruby>

　　宗像地域（福岡県宗像市・福津市）はかつて宗像郡と呼ばれ、歴史的に一体的な地域でした。

　　古代の律令制では、**国家にとって特に重要な神社の所在する地域が「神郡」となりました**が、宗像郡は全国で８つしかない「神郡」の一つに定められたのです。

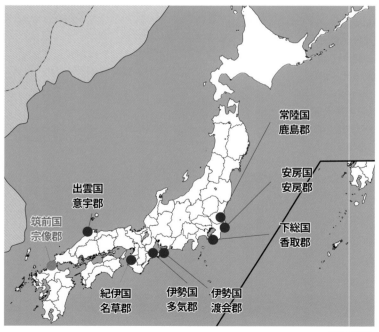

常陸国
鹿島郡

安房国
安房郡

下総国
香取郡

出雲国
意宇郡

筑前国
宗像郡

紀伊国
名草郡

伊勢国
多気郡

伊勢国
渡会郡

作成：下川弘

2009年から　市民参加型ミュージカル
「むなかた三女神記」
を手がける
(株)フリーダムエンターテイメント

出典:公益社団法人宗像青年会議所HPより

(株)フリーダムエンターテイメント
演劇集団フリーダム
所在地：宗像市城西ヶ丘１－14－８
電話：0940-36-9842
FAX：0940-36-9343

代表の坂口聡さん（右）と清水聖さん（左）

2022年世界遺産登録5周年記念
「むなかた三女神記」として蘇る
日本書紀に記された神話の本格歴史ミュージカル

<あらすじ>

宗像一族の姫、心が幼いまま大人になった宗像姫には不思議な力があった。
　　新しく世話役としてきたタケル。心を通わせる二人であったが・・・
国を越えて繰り広げられるファンタジーとアクション、壮大な音楽と太鼓
の鼓動が心を揺さぶる。タケルは、宗像姫は、そして宗像の行く先とは ── 。

そして、世界遺産登録10周年記念に向けて始動 !!

本格歴史ミュージカル「むなかた三女神記」
宗像姫役のColorhythm Risaさん

宗像市出身の先鋭アーティスト 圧巻の演技力とアートパフォーマンス

Colorhythm Risa

PLOFILE

　Risa は宗像市で絵や音楽に囲まれて育った。絵が得意なことを活かし中学校の美術講師になるが、表現の限界を感じて独立。Colorhythm Risa としてアートパフォーマーとして生きて行くことを決意する。

　2016 年にロンドンの「hyperJapan」に出演。言葉が通じない中 30 分間のアートショーで観客を楽しませた。Risa にとってはパフォーマンスが作品そのもので、その時にしか味わえない感動、緊張、空気感を作品に反映させている。反映しやすくするための演出は事前に考えており、偶然と必然の中で出来ていく画風が最大の特徴である。世界各国でパフォーマンスできるアーティストになると同時に、日本の美術教育へのアプローチもしたいと考えている。

第3章

世界遺産と沖ノ島

宗像の8つの世界遺産

正式名称は「『神宿る島』宗像・沖ノ島と関連遺産群」

　2017年7月9日の ユネスコ第41回世界遺産委員会にて世界文化遺産への登録が決定。登録された構成資産は、沖ノ島の3つの岩礁（小屋島、御門柱、天狗岩）を含め8資産。 3つの岩礁は、沖ノ島の南東約1km程にあり、沖ノ島へ渡島する際の鳥居の役割を果たしています。

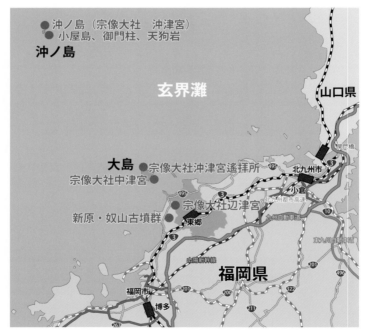

1. 沖ノ島　宗像大社沖津宮 （おきのしま　むなかたたいしゃおきつみや）	5. 宗像大社沖津宮遙拝所 （むなかたたいしゃおきつみやようはいじょ）
2. 小屋島 （こやじま）	6. 宗像大社中津宮 （むなかたたいしゃなかつみや）
3. 御門柱 （みかどばしら）	7. 宗像大社辺津宮 （むなかたたいしゃへつみや）
4. 天狗岩 （てんぐいわ）	8. 新原・奴山古墳群 （しんばる　ぬやまこふんぐん）

どうして世界遺産になったの？

世界遺産に登録された理由は、
宗像市から福津市に広がる宗像三女神への
固有の信仰や祭祀が現代まで続いていることが評価
されて、世界文化遺産として登録されました。

沖ノ島は島全体がご神体です　　　　　　　　　出典：宗像大社提供

沖ノ島には宗像大社の神職の方が一人で、約10日間交代で島をお守り
されています。
そして今は、一般の方は上陸できません。

沖ノ島

　　沖ノ島は周囲約4km、高さは約243m の小さな島です。この島全体が、宗像大社沖津宮の境内で、宗像三女神のうち田心姫神（たごりひめのかみ）を祀ってあります。沖ノ島の南側にある天狗岩・御門柱・小屋島の岩礁を鳥居と見なして、船で島に上陸する際には、この間を通っていきます。

沖ノ島（中央）と小屋島（左岩）・御門柱（右岩）　　　出典：宗像大社提供

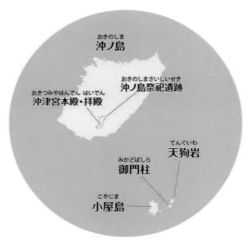

出典：世界遺産「神宿る島」宗像・沖ノ島と関連遺産群HP より

沖ノ島での国家祭祀

宗像大社沖津宮

　田心姫神がお祀りされている沖津宮がある沖ノ島は、九州と朝鮮半島とを結ぶ玄界灘のほぼ中央にあります。また、女性はこの島には渡れず、今でも古代からの風習をそのまま守り続けている神の島でもあります。この島からは、鏡、勾玉、金製の指輪など、たくさんの貴重な品物が見つかり、そのうちおよそ8万点が国宝に指定されました。これらの宝物は国家の繁栄と海上交通の安全を祈るために、神様にお供えされたものです。その内容や遺跡の規模の大きさなどからも、沖ノ島は「海の正倉院」ともいわれています。この神宝は、辺津宮にある神宝館に所蔵、展示されています。

沖津宮と巨岩　　　　　　出典：宗像大社HPより

岩上祭祀

　４世紀後半、対外交流の活発化を背景に巨岩の上で祭祀が始まりました。岩と岩とが重なる狭いすき間に、丁寧に奉献品が並べ置かれていました。祭祀に用いられた品は、銅鏡や鉄剣などの武具、勾玉などの玉類を中心とし、当時の古墳に副葬された品々と共通します。また、鏡・剣・玉は、日本神話の「三種の神器」といわれ、後世で長く祭祀で用いられる組み合わせです。

Photo:世界遺産「神宿る島」宗像・沖ノ島と関連遺産群HP/キッズページ/沖ノ島の古代祭祀 より

21号遺跡

沖ノ島にある巨石の上には国家祭祀の捧げ物が供えられていました

17号遺跡

● 岩上祭祀遺跡　がんじょうさいしいせき
● 岩陰祭祀遺跡　いわかげ
● 半岩陰・半露天祭祀遺跡　はんいわかげ　はんろてん
● 露天祭祀遺跡　ろてん

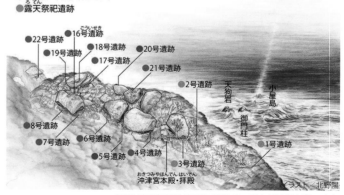

● 22号遺跡
● 16号遺跡　こういせき
● 19号遺跡
● 18号遺跡
● 20号遺跡
● 17号遺跡
● 21号遺跡
● 2号遺跡
天狗岩
小屋島
御門柱
● 8号遺跡
● 7号遺跡
● 6号遺跡
● 5号遺跡
● 4号遺跡
● 3号遺跡
● 1号遺跡
沖津宮本殿・拝殿　おきつみやほんでん　はいでん
イラスト　北野陽

出典:世界遺産「神宿る島」宗像・沖ノ島と関連遺産群HPより

どうして巨石の上で祭祀をしたのか？

それは「石」という漢字 の象形文字に答えがあった!!

立命館大学名誉教授白川静博士の「白川文字学※」によると、「石」という文字は「厂 かん」と「口 こう」とを組合わせた形であるといわれています。

甲骨文字 　　金文文字 　　篆文文字 　　現代文字

出典:「白川静博士の漢字の世界へ」より

「厂」は山の崖の形を表しています

「口」は「ᄇ さい」という神様への祈りの文を入れる器の形と解釈されています。

世界遺産と沖ノ島

つまり「 ⌂ いし、いわ」は、神の宿る所として祀りの対象とされ、祝詞をいれた器「 日 さい」をお供えして、神に祈りました。

出典：「白川静博士の漢字の世界へ」第二版、福井県、教育委員会（編・発行）より

　　沖ノ島にある巨石は、お神様への祈りの場所として最適であり、漢字に込められた本当の意味を理解し、この巨石の上で、「航海の安全」を願い国家祭祀を行ったのでしょう。

岩陰祭祀

　5世紀後半になると、祭祀の場は庇のように突き出た巨岩の陰へと移り変わります。

　この岩陰祭祀の奉献品には、鉄製武器や刀子・斧などのミニチュア製品、朝鮮半島からもたらされた金銅製の馬具などがあります。金製指輪は新羅の王陵から出土した指輪とよく似ており、また、イラン製のカットグラス碗片は遥かシルクロードを経てもたらされたと考えられ、重要な交流の証です。

　危険な海を越えて対外交流を行った古代の人々は、これらの貴重な品々を供え、神に祈りを捧げたのです。

【国宝】金製指輪
出典：世界遺産「神宿る島」宗像沖ノ島と関連遺産群 HP より

半岩陰・半露天祭祀

　岩陰祭祀の終わり頃（7世紀後半）から半岩陰・半露天祭祀の頃にかけて、奉献品に明確な変化がみられるようになります。従来のように古墳の副葬品と共通しない金銅製の紡織具や人形、琴、祭祀用の土器など、祭祀のために作られた奉献品が目立つようになります。

巨岩と巨岩の間の岩陰で祭祀が行われていた

Photo：宗像大社提供

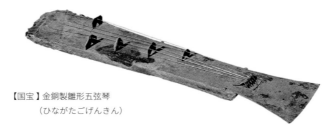

【国宝】金銅製雛形五弦琴
　　（ひながたごげんきん）

出典：世界遺産「神宿る島」宗像沖ノ島と関連遺産群 HP より

露天祭祀

　8世紀になると、巨岩群からやや離れた露天の平坦地に祭祀の場が移ります。大きな石を中心とする祭壇のような遺構の周辺には、大量の奉献品が残されていました。露天祭祀から出土した奉献品は、穴を開けられた祭祀用の土器を含む多種多様な土師器・須恵器や、人形・馬形・舟形などの滑石製形代などが中心となります。

1号遺跡

【国宝】奈良三彩小壺

【国宝】人形

【国宝】舟形

【国宝】馬形

出典：世界遺産「神宿る島」宗像沖ノ島と関連遺産群HPより

沖ノ島からの出土品の 8万点が国宝!!

　沖ノ島からの出土品と大和朝廷（奈良）から出土した同様の資料を比較してみると、沖ノ島から出土した物は全て国宝に指定されているのに対し、大和朝廷のものは重要文化財止まりのものであることがわかります。

　それだけ沖ノ島からの出土品には価値があるということです。

沖ノ島

【国宝】
さんかくぶちしんじゅうきょう
三角縁神獣鏡

福岡・沖ノ島18号祭祀遺跡
古墳時代・4世紀
宗像大社保管

沖ノ島祭祀遺跡では、これまでに70面以上の青銅鏡が出土しています。

大和朝廷

【重要文化財】
さんかくぶちしんじゅうきょう
三角縁神獣鏡

奈良・黒塚古墳
古墳時代・4世紀
文化庁所蔵・奈良県立橿原考古学研究所保管

大和朝廷の象徴とも言える青銅の鏡。大和の黒塚古墳では、34面におよぶ青銅鏡が副葬されていました。

出典：平成29年九州国立博物館「宗像・沖ノ島と大和朝廷」展より

韓国・沖ノ島・大和朝廷
同じような指輪が!!

韓国

金製指輪
きんせいゆびわ

韓国慶尚北道・皇南大塚南墳
三国時代（新羅）・5世紀
国立慶州博物館（韓国）

新羅王陵の中でも特に巨大な皇南大塚南墳で出土した黄金の指輪。青いガラス珠がはめ込まれた新羅王の遺品です。

沖ノ島

国宝 #### 金製指輪
きんせいゆびわ

福岡・沖ノ島7号祭祀遺跡
古墳時代・5～6世紀
宗像大社

沖ノ島の神宝を代表する黄金の指輪。全面に施された精緻な装飾から、往時の最高級品が奉納されていることが分かります。

大和朝廷

重要文化財
金製指輪
きんせいゆびわ

奈良・新沢千塚126号墳出土
古墳時代・5世紀
東京国立博物館

シルクロードの薫りを漂わせる花形デザインと金粒の細工。多くの渡来人が見られる5世紀から、日本の金文化も芽吹きはじめました。

出典：平成29年九州国立博物館「宗像・沖ノ島と大和朝廷」展より

日本国内では沖ノ島でしか見つかっていない金銅製龍頭は韓国にも出土していた。

韓国

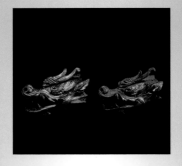

こんどうせいりゅうとう
金銅製龍頭

韓国慶尚北道・月池
統一新羅時代・8世紀
国立慶州博物館（韓国）

　中国文明に起源をもつ龍は、やがて皇帝や王の権威を象徴する神獣となりました。唐との接近を図った新羅の王宮でも、龍の装飾が用いられています。

沖ノ島

【国宝】
こんどうせいりゅうとう
金銅製龍頭

福岡・沖ノ島5号祭祀遺跡
飛鳥－奈良時代・7～8世紀
宗像大社

　一対をなす龍の装飾品。力を込めるように歯を食いしばった表情と、反り返り流れる髭（ひげ）の造形が、鎌首（かまくび）をもたげて動き出す一瞬の静寂を切り取っています。

出典：平成29年九州国立博物館「宗像・沖ノ島と大和朝廷」展より

沖ノ島への信仰

　　沖ノ島は九州本土から約60km の沖合いにあり、日本と朝鮮半島を結ぶ重要な航路の途中にあります。手漕ぎ船しかなかった昔の人は、その航海は死と隣り合わせのとても危険なものでした。

　　だからこそ、沖ノ島の存在は大きく、その航海の安全をお守りしていただく信仰が生まれたと言われています。

荒れた玄界灘　　　　　　　　　　　　　　Photo:下川弘

禁忌の伝統

　沖ノ島は島そのものがご神体です。それゆえ島では厳しい禁忌があり、大島の漁師の方々によって、現在に至るまで厳格に守られてきました。

〈不言様〉
おいわずさま

　沖ノ島で見たこと聞いたことは一切口外してはいけません。これによって、沖ノ島の存在はあまり人々に知られることなく、古代の姿のまま現在まで守られてきました。

〈禊〉
みそぎ

　沖ノ島に上陸する場合（鳥居から上）には、全裸になり海中で穢れを払う「禊」をしなければなりません。

沖ノ島での禊　　　　　　　　　　　　Photo：下川弘

〈一木一草一石たりとも 持ち帰ることはできない〉

　筑前の大名黒田長政は祭祀遺物の金銅製織機などを家臣に命じ、沖ノ島から持ち出しましたが、その後黒田家で不幸が相次いだとされ、この遺物は島に戻されました。

〈島内で四足の動物を 食べてはいけない〉

　上陸する際には、魚・鳥のお弁当は問題ないそうです。

沖ノ島にある立札　　　　　　　Photo:下川弘

沖ノ島上陸　心得

沖ノ島は御神体島であり島全体　宗像
大社の所有地であります　また国の史跡及び
天然記念物にも指定されておりますので
上陸者は左記事項を厳守して下さい

記

一、遊山・魚釣等を目的とする上陸は禁止します
一、上陸者は直ちに社務所に届け出ること
一、上陸者は古例により海水にて禊をし
　　心身を清める事
一、御神水以外の一木一草たりとも持ち
　　帰る事を禁止します
一、古くからの厳重な掟により婦女子の
　　上陸を禁止します
一、その他神社職員の指示に従って下さい

宗像大社沖津宮社務所

〈 女人禁制 〉

古くからの習わしで、沖ノ島には女性は上陸することはできません。

Q 現代においては男女差別ではないか？
とお考えの方に。諸説あるようです。

A. 【穢れ＝気枯れ（けがれ）を忌み嫌う】説

本来は「不浄の者入るべからず」と言う意味。

「不浄」とは、身内が亡くなっていたり（喪中）、死に至るような怪我や病気をしている状態のことで、「穢れ＝気枯れ（けがれ）」と言われています。つまり「気が枯れる＝弱っている＝死に至る」と解釈されます。神社はその「気枯れ」や「血」を忌み嫌う場所ですので男性でも怪我をして血を流している者は、不浄の者ということで、この沖ノ島には上陸出来ません。

女性の場合、月経があることで個人個人のタイミングがわからないため、一律に女人禁制としたのではないかといわれています。

A.【島に近づくのは危険だから】説

　玄界灘は荒海として有名で、冬になると特に季節風の影響で高波になることが知られています。現代の高速船を使っても、成人男性でも、沖ノ島に到着する頃にはぐったりするほどです。

　さらに沖津宮のお社までたどり着くには、険しい参道を登っていく必要があります。

　そういった危険な場所に女性を連れてはいけない という理由で沖ノ島は女人禁制となったともいわれています。

A.【女神様の嫉妬】説

　沖ノ島にある沖津宮にお祀りされているのは女性神田心姫神様ですから、沖ノ島に女性が上陸すると、その 田心姫神様が嫉妬してお怒りになる ともいわれています。

　ちなみに、山岳トンネルを掘る土木工事の際も、「山の神」が女性の神様であるため、女性がトンネルに入ると女神が嫉妬して、山が崩れてしまうといわれ、女人禁制の風習がありましたが、最近では、多くの女性技術者が活躍しています。

沖ノ島
こぼれ話 ❶

みちびき沖ノ島

沖ノ島を見つけるアプリがあるよ!!

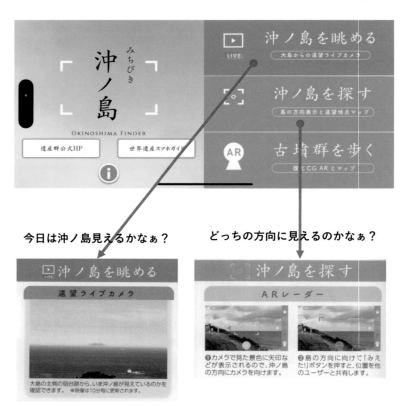

今日は沖ノ島見えるかなぁ？

どっちの方向に見えるのかなぁ？

アプリ「みちびき 沖ノ島」で見る
様々な表情の沖ノ島

Photo:小林晃子

沖ノ島
こぼれ話 ❷

日露戦争の日本海海戦は
沖ノ島のすぐ横で行われた。

　日本海海戦は明治38年（1905年）5月27日から28日まで2日間。沖ノ島の西方で行われました。日本海軍連合艦隊は、旗艦「三笠」を先頭とした単縦陣。敵のロシアバルチック艦隊は二列縦陣でやってきました。午後1時39分、旗艦「三笠」がバルチック艦隊を発見し、連合艦隊司令長官東郷平八郎は双方の距離が約8千メートルになったとき、敵前でUターンし、敵に横腹をみせ左転するという世界の海戦戦術の常識を打ち破った有名な敵前回頭です。これは、秋山真之が考案した「丁字戦法」で、敵艦隊の前で横一列になって、敵の頭を押さえる作戦でした。

　当時、沖ノ島には宗像大社沖津宮の神職と雇い人、海軍兵や海底電信を維持する通信員がいて、神職の方がこの日本海海戦の状況を日誌に残されています。

大島の中津宮境内に展示されている当日の日誌　　　　　　　　Photo：下川弘

日露戦争　　日本海海戦の場所

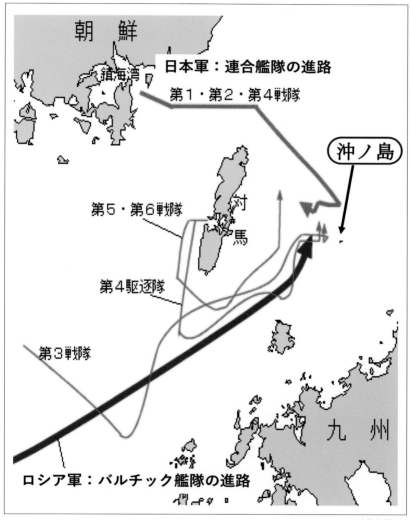

日本海海戦場

沖ノ島
こぼれ話 ③

福岡⇔釜山を結ぶJR九州高速船
「クイーンビートル」は沖ノ島の横を通る。

　一般の方は上陸することができない沖ノ島ですが、JR九州高速船㈱の釜山行の高速艇「クイーンビートル」に乗船すると、途中沖ノ島の横を航海するため、その船窓から神々しい沖ノ島を近くで見ることが出来ます。

　2022年11月から福岡⇔釜山航路が再開されましたので、洋上参拝されたい方は、ぜひご乗船されてはいかがでしょうか。

資料提供: JR九州高速船株式会社

2022年グッドデザイン賞を受賞した
クイーンビートル（QUEEN BEETLE）で、韓国の旅を！

BEETLE JR KYUSHU JET FERRY

資料提供: JR九州高速船株式会社

沖ノ島 こぼれ話 ❹

音楽三女神が奏でる 楽曲「神宿る島」
ぜひ聞いて欲しい一曲です。

楽曲「神宿る島」QR コード
MVはこちらから

左写真：沖ノ島を遥拝しながらの楽曲「神宿る島」の奉納（沖津宮遥拝所にて）

そがみまこプロフィール
美しい言葉と、日本のこころを伝え、歌い継いでいきたいと、全国各地また海外でも、コンサートや研修会・講演会など幅広い活動を行っている。ＦＭラジオ「そがみまこが贈る童謡こころのアルバム」を９局ネットで毎週放送中。テレビやラジオ・ＣＭなどにも多数出演。幼稚園・保育園での先生方を含めた歌唱指導や、子ども達の後進育成に力を注ぎ童謡・唱歌の普及にも取り組んでいる。2019 年未来への音楽活動を認められ「東久邇宮文化褒賞」を受賞。2022 年「第 4 回アジア太平洋・アジア水サミット記念ソング」公式テーマソングを歌唱。

三宅美紀子プロフィール
クラシックをバックボーンにソリストとして、また管弦楽器とのアンサンブル、声楽やコーラスの伴奏、語り芝居や民族音楽とのコラボなどジャンルを超えて活動。九州を中心に美術館や水族館、クルージング船や医療施設などで演奏会、イベントなど多数出演。熊本地震の復興を願って作曲した「阿蘇〜あの橋をいつかあなたと〜」などこれまでに 4 枚のＣＤをリリース。コミュニティラジオ天神（FM77.7）「住友林業ホームテックプレゼンツふみとみっこのミュージックツリー」「加藤登紀子この手に抱きしめたい福岡プロジェクト」のパーソナリティーを務める。

村上ふみプロフィール
福岡を中心にジャンルレスバイオリニストとして活動の場を広げる。
自身でプロデュースする弦楽四重奏団「アースリングカルテット」など様々なスタイルのコンサートを行っている。これまでに CD を 5 枚リリースし東北震災や熊本、朝倉などの支援活動にも力を入れている。2020 年自身の体験を活かした「楽譜を読まないバイオリンメソッド」を発表。ヴェルデ音楽コンクール弦楽器部門事務局長筑豊フィルハーモニー管弦楽団にて首席をつとめる。コミュニティラジオ天神（FM77.7）「住友林業ホームテックプレゼンツふみとみっこのミュージックツリー」のパーソナリティーとしても活動中。

神宿る島

作詞・作曲　あまのじゃく

歌　そがみまこ
ピアノ　三宅美紀子
ヴァイオリン　村上　ふみ

神代の天と地　流れ漂う海

矛の雫　国造り、始まり…

荒ぶる海原越えて　遥か沖ノ島

「神宿る」と言い伝え　古代も現代も

頑なにヒトを拒む　遥か沖ノ島

島内で聴いたこと　語るなかれ

島内で見たことは　語るなかれ

沖津宮遙拝所にて　　　　　　　　　　Photo: 下川弘

不思議なお話

ミュージックビデオ撮影時に
不思議な光が差しました。

　楽曲「神宿る島」を奉納するために、音楽三女神のそがみまこさん（ヴォーカル）、三宅美紀子さん（ピアニスト）、村上ふみさん（ヴァイオリニスト）が、中津宮を訪れたときに、不思議な光が差し込みました。

　きっと、頑張っている三人をお神様が歓迎してくれたのでしょう。

Photo:下川弘

宗像海人族の存在

　宗像海人族が大和朝廷と中国大陸との架け橋となって、玄界灘の荒波を乗り越えて、道案内をしてきたと言われています。

　その豪族たちのお墓が古墳となって数千基現存しています。

　教科書で見たことのある円墳や前方後円墳などが、まさにココにあります。

形がよくわかる前方後円墳
Photo：世界遺産 新原・奴山古墳群パンフレットより（福津市提供）

海人族と呼ばれた
地方豪族ムナカタ氏!!

　宗像の地名は諸説あるようですが、地形由来説では、宗像市中心部を
流れる釣川の海退が進み干潟となったことから、「水潟」「空潟」「沼無潟」
と考える説と、宗像海人が胸に入れ墨（三角文）をしていたから「胸肩」
「宗形」「宗像」に変遷しているという説もあるようです。

（参考：季刊邪馬台国宗像と古代日本より）

梓書院発行『漫画 海の民宗像 玄界灘の守り神』より

宗像海人族のお墓（古墳群）

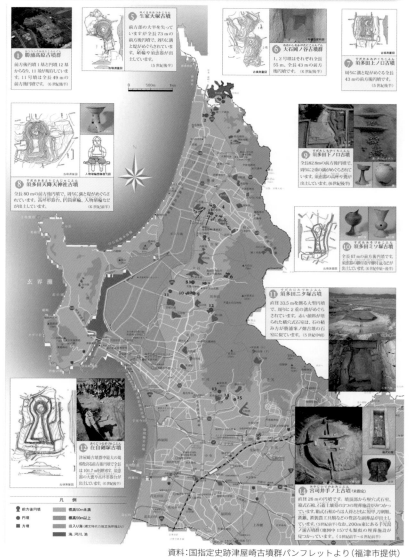

① 勝浦高原古墳群
前方後円墳1基と円墳12基からなり、11基が現存しています。11号墳は全長49mの前方後円墳です。（6世紀後半）

⑤ 生家大塚古墳
前方部の大半を失っていますが全長73mの前方後円墳で、周りに溝と堤がめぐらされています。埴輪や須恵器が出土しています。（5世紀後半）

⑥ 大石岡ノ谷古墳群
1、2号墳はそれぞれ全長55m、全長43mの前方後円墳です。（6世紀後半）

⑦ 須多田上ノ口古墳
周りに溝と堤がめぐらされる全長43mの前方後円墳です。（5世紀後半）

⑧ 須多田天降神社古墳
全長80mの前方後円墳で、周りに溝と堤がめぐらされています。朝顔形埴輪、円筒埴輪、人物埴輪などが出土しています。（6世紀前半）

⑨ 須多田ドン口古墳
全長82.8mの前方後円墳で、周りに2重の溝がめぐらされています。須恵器の高杯や壺が出土しています。（6世紀後半）

⑩ 須多田ミソ塚古墳
全長67mの前方後円墳です。朝顔形埴輪や肥や甕形埴輪などが出土しています。（6世紀中頃〜後半）

⑪ 須多田二タ塚古墳
直径33.5mを測る大型円墳で、周りに2重の溝がめぐらされています。赤い顔料が塗られた横穴式石室は、石の棺みが勝浦峯ノ畑古墳の石室に似ています。（5世紀中頃）

⑫ 在自剣塚古墳
津屋崎古墳群中最大の規模を誇る前方後円墳で全長は101.7mを測ります。須恵器の大甕や高杯形土器が出土しています。（6世紀中頃）

⑬ 宮司井手ノ上古墳（未指定）
直径26mの円墳です。埴田部から竪穴式石室、箱式石棺、石蓋土壙墓の3つの埋葬施設が分かっています。箱式石棺からは人骨とともに短甲、刀剣類、鉄鏃、鉄製農工具類などの豊富な副葬品が出土しています。（5世紀前半）なお、200m東にある手光所ノ浦古墳群（地図中15）でも類似の埋葬施設が見つかっています。（5世紀前半〜6世紀後半）

凡例
- 前方後円墳
- 円墳
- 方墳
- 標高50m未満
- 標高50m以上
- 田入り海（弥生時代の推定海岸線より）
- 海、河川、池

資料：国指定史跡津屋崎古墳群パンフレットより（福津市提供）

世界遺産に登録された
新原・奴山古墳群について

　　現代まで続く沖ノ島に対する信仰の伝統を築いた宗像(胸形)氏の存在を示す物証が、5〜6世紀に築かれた新原・奴山古墳群です。国指定史跡「津屋崎古墳群」の中で最も密集する古墳群で、東西800mの台地の上に前方後円墳5基、方墳1基、円墳53基の計59基が発見され、41基が現存します。

世界遺産
新原・奴山古墳群より
Photo：福津市提供

資料：世界遺産新原・奴山古墳群パンフレットより（福津市提供）

国史跡　桜京古墳

　桜京古墳は、市内を流れる釣川河口の左岸丘陵（標高約45m）に位置する古墳で、前方後円墳とよばれる形をしています。墳丘の全長は39m、後円部には古墳の主が埋葬されるための横穴式石室が築かれ、その玄室には石屋形（奥壁にはめ込まれた板石を長さ約1.7mの石柱で支えた埋葬施設）がつくりつけられています。石屋形には彩色と線刻で三角文が描かれ、全国でも約700基しか見つかっていない装飾古墳のひとつです。

　残念ながら、今は中には入れません。

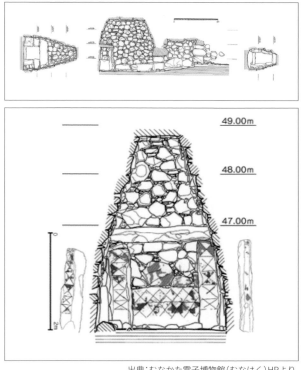

出典：むなかた電子博物館（むなはく）HPより

「海の道むなかた館」
宗像の世界遺産について学ぼう

　　世界遺産「神宿る島」宗像・沖ノ島と関連遺産群の情報発信施設です。常設展示では、玄界灘を縦横無尽に活躍した宗像人の足跡をたどることができます。また、3Dシアターでは、通常は上陸できない「神宿る島」沖ノ島の神秘的な世界を音と映像でリアルな体験をすることができます。むなかた館で世界遺産について学習してから、それぞれの構成資産に足を運ぶのがおすすめです。

海の道むなかた館　　　　　　　　　　Photo:下川弘

高さ7ｍ×幅18ｍの巨大な半円形のスクリーンに、海の正倉院といわれる
沖ノ島の臨場感ある映像が常時映し出されています。

Photo:Panasonic CONECT HPより

第4章

玄海エリア

玄海エリアを廻ってみよう

まずはやっぱり、宗像大社辺津宮 から

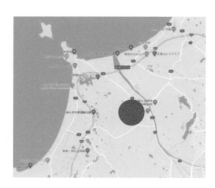

　海岸から釣川をおよそ 3km 内陸部へ遡ったところに鎮座する総社・辺津宮。
　御祭神は市杵島姫神（いちきしまひめのかみ）を主祭神とし、広大な神苑には本殿を中心に儀式殿、高宮祭場、第二宮・第三宮、神宝館、祈願殿などが点在し、宗像大神を崇敬される多くの人々が絶えることはありません。

Photo:下川弘

84

宗像大社辺津宮の参拝順とチェックポイント!!

※次頁から①〜㉓の見どころポイントを解説

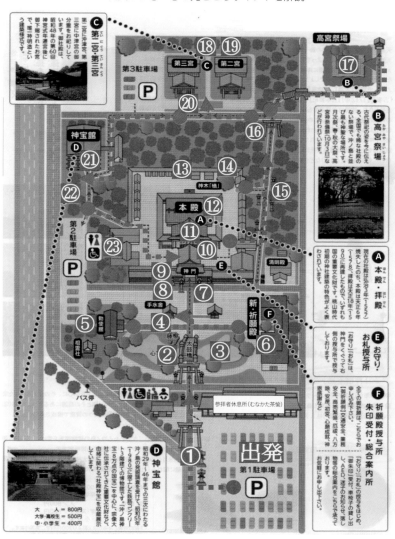

玄海エリア

C 第二宮・第三宮
第二宮は沖津宮、第三宮に中津宮の御分霊をお祀りしています。御社殿は、昭和48年の第60回神宮式年遷宮の際、神宮別宮の御正殿下賜を受けたお宮で、唯一神明造という建築様式です。

B 高宮祭場（たかみやさいじょう）
古代神の姿をその地に伝える、全国でも稀な社殿のない祭場で、沖ノ島と並び最も神聖な場所です。月次祭、春・秋の大祭、高宮神奈備祭は10月3日などが行われています。

A 本殿・拝殿
現在の御社殿は1557年に焼失したのち、本殿は天正6年（1578）、拝殿は天正18年（1590）に再建されたもので、いずれも国の重要文化財です。桃山時代初期の神社建築の特色がよく表わされています。

E お守り・お札授与所
全ての御神札は神門をくぐってお申し込み下さい。「お守り」「お札」の授与所側の授与所で授与しております。

F 祈願殿授与所 朱印受付 総合案内所
全ての御祈願はこちらでお申し込み下さい。「朱印受付」、車椅子の貸し出し、AED、迷子のお知らせも承ります。安全・商売繁盛・厄除・交通安全・家内安全・初宮・心願成就・八方除・病気平癒・縁結など物事の総合案内をこちらで承っております。お気軽にお申し出下さい。

D 神宝館
昭和29年〜46年までの三次にわたる沖ノ島の発掘調査を受けて、昭和55年（1980）に開館した鉄筋コンクリート3階建ての博物館です。「海の正倉院」沖ノ島から出土した約8万点の御神宝を中心に、宗像大社に伝来されている「宗像神宝」（国宝）の重要文化財などを常設展示しています。

大人：800円
大学・高校生：500円
中・小学生：400円

地図：宗像大社提供

第１大鳥居

昭和 8 年10月に筑豊の炭鉱王麻生太
吉氏が寄贈。第 92 代内閣総理大臣麻
生太郎氏の曾祖父にあたられます。

第２大鳥居

「宗像闔郡人謹建」明治 17 年 6 月に宗
像全域の人々によって謹んで建立され
たもののようです。

Photo:下川弘

出光佐三氏寄贈の灯篭

　株式会社出光興産株式会社の創業者で、「海賊と呼ばれた男」
出光佐三氏（宗像市赤間出身）により寄贈された 灯篭が、心字池
の手前左右に配置されていますが、出光氏の名前は一切刻
まれていません。

Photo:下川弘

心字池

　一般的に日本式庭園において「心」の字をかたどって造られた
池のことで、京都の桂離宮や太宰府天満宮などにも心字池はあ
りますが、本当のところは、この池を渡る事により心が清められ
るという意味があるそうです。

　太鼓橋から錦鯉を眺めながら、心を清め
ましょう。

Photo:下川弘

手水舎

　太鼓橋を渡って左手に、手水舎があります。柄杓を使わず、流れ出る水を直接手で受けるようになっています。

　ここの手水鉢は大きな一枚岩で出来ているのが特徴です。

Photo:下川弘

天皇・皇后両陛下（現・上皇上皇后両陛下）
が御休息された **勅使館**

新しくなった勅使館 Photo:下川弘

　2017年10月の「全国豊かな海づくり大会福岡大会」
にて、天皇・皇后両陛下（現・上皇・上皇后両陛下）が休息
になられた場所でもあります。

新祈願殿・社務所

　　祈願殿の奥には、高宮祭場を模したような"ひもろぎ"が設置されています。

建物の左手が社務所、右手が新祈願殿　　　　　Photo:下川弘

新祈願殿から見る「ひもろぎ」　　　　Photo:下川弘

玄海エリア

扉に菊の御紋がある 神門

Photo:下川弘

神門の前にある 皇族下乗

Photo:下川弘

明治7年3月、教部省から全国の神宮および官幣杜と国幣杜へ、次のような布告が出されています。

「皇族御参拝等ノ節下馬下乗場所ノ儀ハ其社ノ実境ニ依本社ヨリ第一次ノ鳥居或ハ楼門外又ハ階砌下等相当ノ向モ可有之候条各社ノ適宜ヲ以見込相立此旨相達候事」

要約すると「皇族の方々が御参拝になる際にどこで下乗して頂くかを個別に届け出ること」といった内容ですが、むしろ一般大衆に向けて、「皇族の方ですらココの神様の前では乗り物から降りられるのだぞ」という、神様の位の高さをアピールする目的もあるかもしれません。

玄海エリア

阿吽の呼吸でお守りされる **狛犬**
（あ うん）

　狛犬は獅子に似た想像上の生物で、神社や寺院の入口両脇等
に一対で向き合う形で配置されています。
　本来、向かって右側は獅子像で、口を開いた「阿形」。向かって
左側は狛犬像で、口を閉じた「吽形」とよばれ、阿吽の呼吸で神
社や寺院をお守りしています。
（あぎょう）
（うんぎょう）

吽型　　　　　　　　　　　　　　阿形　　Photo：下川弘

辺津宮 見るべき ポイント⑩

国の重要文化財 拝殿

弘治3年(1557年)の火災により焼失後、天正18年(1590
年)筑前領主・小早川隆景が再建したもの。

　小早川氏の再建から現在までの約430年間
で、少なくても28回の修理がなされたとい
われています。

　平成25年(2013年)からの平成ノ大造営で
は、屋根の葺き替えの他、本殿とともに、屋
根や社殿の塗装修復が行われました。

小早川隆景像(広島・米山寺蔵)
出典:福岡市博物館HPより

Photo:下川弘

玄海エリア

幸せをよぶ　むなかた　95

天照大神様からの 神勅

Photo:下川弘

天孫（あめみま）を助け奉りて

天孫（あめみま）に祭（いつ）かれよ

「歴代天皇のまつりごとを助け、丁重な祭祀を受けられよ」と言う意味

国の重要文化財 **本殿**　祭神：市杵島姫神

天正6年（1578年）建造
明治40年（1907年）重要文化財指定

　建築様式は「五間社流造り」、屋根は「こけら葺き」、平成ノ大
造営で屋根の葺き替え等が行われました。

宗像大社辺津宮本殿　　　　　　　　　　　Photo：下川弘

玄海エリア

　日本の神社の屋根には、千木と呼ばれる、バッテンのようなもの
と、ドラムのような形をした鰹木というものが乗っています。千木
の形で一般的には、男神は「外そぎ」、女神は「内そぎ」なのですが、
外そぎになっています。

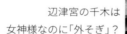

辺津宮の千木は
女神様なのに「外そぎ」?

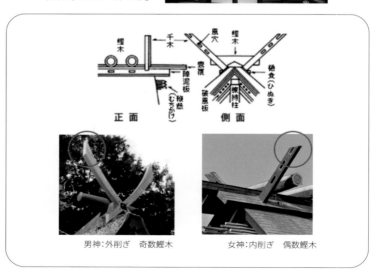

男神：外削ぎ　奇数鰹木　　　　女神：内削ぎ　偶数鰹木

摂末社

　本殿の周辺には大小のお社が24社あり、121の神様が祀られています。摂社・末社とは、かつての神郡宗像各集落にあったお社の神々の御分霊を総氏神である宗像大社の側にお祀りすることとなったお社です。

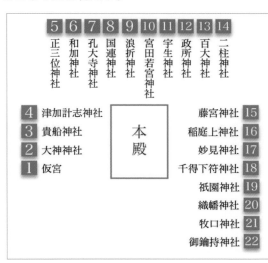

5 正三位神社	6 和加神社	7 孔大寺神社	8 国連神社	9 浪折神社	10 宮田若宮神社	11 宇生神社	12 政所神社	13 百大神社	14 二柱神社	23 松尾神社	24 蛭子神社

4	津加計志神社	藤宮神社	15
3	貴船神社	稲庭上神社	16
2	大神神社	妙見神社	17
1	仮宮	千得下符神社	18
	本殿	祇園神社	19
		織幡神社	20
		牧口神社	21
		御鑰持神社	22

出典：宗像大社HPより

摂社・末社の数は伊勢神宮に続き日本で二番目に多いそうです。

Photo：下川弘

御神木と神紋

（裏紋）　（表紋）

御神木と神紋について

この楢の木は、当大社の御神木です。
宗像大社の神紋は、皇統守護の神勅を戴
く縁起の由緒から、「菊の御紋」を表紋
とし、この「楢の葉紋」を裏紋として用
いています。
楢の葉に実をあしらった意匠で、歴代の
宗像大宮司家の家紋としても用いられて
きました。
この御神木の樹齢は約五五〇年で、今も
ご参拝の皆様を見守り続けております。

御神木は
樹齢約550年の楢の木

神紋は菊の御紋

裏紋は楢の葉紋

Photo:下川弘

Photo:下川弘

辺津宮 見るべき
ポイント⑮

鎮守の杜の道

高宮参道に入った瞬間、空気感が違います。

Photo:下川弘

夫婦円満・縁結びの　相生の樫

　鎮守の杜の道を高宮祭場に向かって歩き、第二宮・第三宮の
お社のある通りに出る手前の左側にあります。よ〜く見ないと、
ただの樹木にしか見えませんが、真ん中から生えている木が、左
側の木の枝につながっている。
　ここでは「相生の樫」と命名されていますが、ことわざに出て
くる「連理の枝」のことです。

Photo:下川弘

中国の白楽天のことわざに出てくる
"連理の枝"が実在します!!

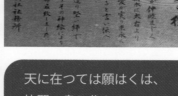

天に在つては願はくは、
比翼の鳥と作らん、
地に在つては願はくは、
連理の枝と為らん　白楽天

Photo:下川弘

　空飛ぶ鳥に生まれたら、雌雄各々一翼であるから二羽一緒に並んででなければ飛べない鳥となろう。**地上に生える樹になるならば、二本の樹の交えた枝の木目が連なった連理の枝となりたい。いつの世にも離れることのない夫婦でありたい。**

　唐代の大詩人白楽天は唐の6代皇帝玄宗と楊貴妃との悲恋を描いた『長恨歌』で、「天に在りては比翼の鳥となり、地に在りては連理の枝とならん」と歌われています。

　つまり、縁結び、夫婦円満に御利益があるとされています。

最強のパワースポット　高宮祭場

　「宗像三女神降臨の地」として伝わる"高宮祭場"は、間近で直接
見ることが出来る全国でも数少ない古代祭場の一つです。
　奈良時代以前は社殿が無く、神奈備としての杜や山や島など
を聖なる所と祀られていました。　いにしえの時を今に伝える高
宮祭場は、今日では数少ない神籬（ひもろぎ）の古代祭場であり、古神道の
聖地として多くの崇敬を集めています。近年では驚異のパワー
スポットとして数多く紹介されています。

Photo:下川弘

伊勢神宮との関係がわかる

第二宮・第三宮

　宗像大社は、宗像三女神を祀る3つの神社の総称であり、辺津宮は市杵島姫神が祀られており、残りの二神は沖合の島にまつられているため、沖ノ島にある沖津宮・田心姫神を第二宮に、筑前大島にある中津宮・湍津姫神を第三宮に分祀してあります。

　お社は、伊勢神宮にあったものを、1973年（昭和48年）の式年遷宮の際に譲り受けて、2年後にこの地に移設されました。

Photo:小幡嘉代

玄海エリア

辺津宮 見るべき
ポイント⑲

第二宮・第三宮　　唯一神明造

　　40数年前の伊勢神宮式年遷宮の際に戴いたお社は、伊勢神宮に
建っていたときは、伊邪那岐宮、伊邪那美宮と呼ばれ、それぞれ
伊邪那岐神、伊邪那美神が祀られていました。
　　建築様式は、「神明造り」といい、伊勢神宮にしか存在しないため、
特別に「唯一神明造」と呼ばれます。

　　これまでに伊勢神宮から戴いたお社は、この宗像大社と熱田神
宮、北海道神宮の3社のみです。

式年遷宮とは？

　　伊勢神宮においては、20年に一度全ての建物や宝物などを作り直
し、神様に捧げるお祀りごとです。第二次世界大戦中に一時中断し
た以外は、約1,300年以上続いている儀式です。
　　これにより、文化・伝統技術・工芸あらゆるものが継承され続け
ています。
究極のSDGsとも言えるかもしれません。

出光佐三氏が書かれた
「洗心」手水石

　伊勢神宮からいただいたお社「第二宮」「第三宮」がある場所への
入り口に「洗心」と書かれた手水石が置かれています。

　これも出光興産創業者の出光佐三氏の揮毫ですが、その名前は一
切記されていません。

Photo：下川弘

玄海エリア

国宝8万点の海の正倉院　　神宝館

　古代から連綿と息づく宗像三女神への信仰と、その神を奉斎してきた宗像一族の輝かしい歴史を紐解く、数多くの貴重な神宝や文化財を収蔵、展示しています。

　宗像大社収蔵品の中でも中心となる神宝で、昭和 29 年から三次に亘る学術調査で発掘され、その数は 8 万点に及びます。4 世紀後半から約 550 年にわたって執り行われた大規模な祭祀は、我が国の形成期より仏教伝来を経て、今日の社殿祭祀へと変遷する過程を示す唯一のものです。

　出土神宝は、古代における我が国の対外交渉を反映する銅鏡、武器、工具、装身具、馬具、金属製雛形品、滑石製品、土器、貝製品などで質・量ともに他を凌駕し、8 万点の出土品すべて国宝に指定されています。『海の正倉院』といわれる所以です。

Photo：下川弘

三笠宮殿下応制歌歌碑

　昭和 50 年の御題「まつり」の宮中歌会始めの儀にて、お詠み
になられた御歌です。記念歌碑は、殿下自ら筆を取られたもので、
同年 10 月に百合子妃殿下と共に宗像大社辺津宮ご参拝の折に建
立されました。

　三笠宮崇仁親王殿下は、昭和 44 年に辺津宮・中津宮・沖津宮
と宗像三宮を御参拝され、当時沖ノ島で行われていた第三次沖ノ
島学術調査を、親しくご視察されましたが、その折の御感懐をお
詠みになられたものです。

　　沖ノ島　森のしげみの岩かげに
　　　　千歳ふりにし　神祭りのあと

Photo:下川弘

玄海エリア

靖國神社から移設された 儀式殿

　辺津宮本殿に向かって、左手にある建物が「儀式殿」と言われる建物で、もともと靖國神社に建てられていたものを 1981年（昭和56年）にこの宗像大社に移築されたものです。

　この儀式殿の払下げの話があった当時、多額の移設費用がかかるため、断念されかけていたときに、弘江組（宗像市）の初代社長中野弘愛氏が、歴代天皇陛下がお使いになられたであろう漆黒のトイレがある ことを見つけられ、「これは大変貴重なものであるから、無理をしてでも移設するべきだ。」と進言され、赤字覚悟で現在の場所に移築されたそうです。

（弘江組中野順社長談）

Photo:下川弘

ご本尊の仏像三体は、宗像三女神

別格本山　鎮国寺

　寺伝によれば、空海（弘法大師）が第16次遣唐使船で唐に渡航中に大暴風雨に遭遇した際に、海の守護神・宗像三神などに祈誓を込めたところ、波間に不動明王が現れ、右手に持っていた利剣で波を左右に振り払い、暴風雨を鎮め、空海は無事に入唐することが出来ました。

　その後、長安（現在の西安）に於いて青龍寺の恵果和尚より真言の秘法を授かり、806年に博多に到着し帰国すると、まず宗像大社に礼参され、その時、屏風山の瑞雲が棚引くのを見て、奥の院岩窟に於いて修法を始めたところ、「この地こそは鎮護国家の根本道場たるべき霊地」というお告げを聞き、一宇建立して屏風山鎮国寺と号されました。

阿弥陀如来　薬師如来　大日如来　釈迦如来　観世音菩薩如意輪

鎮国寺　　Photo：下川弘

<大日如来>
宗像大社沖津宮の御祭神・
田心姫神（たごりひめのかみ）の本地仏。
伝弘法大師作。
九州八十八ヶ所霊場結願
札所本尊。

<釈迦如来>
宗像大社中津宮の御祭神・
湍津姫神（たぎつひめのかみ）の本地仏。
伝弘法大師作。

<薬師如来>
宗像大社辺津宮の御祭神・
市杵島姫神（いちきしまひめのかみ）の本地仏。
伝弘法大師作。

空海（弘法大師）が修行をした場所

別格本山　鎮国寺　奥の院

　唐から無事に日本に帰国した空海（弘法大師）が修行をした場所がここ、奥の院。

　正確にはお堂の奥にある、岩窟の中にて修行されたそうです。

　現在は、「不動明王石像」や、「線刻釈迦如来石仏」などがお祀りしてあります。

鎮国寺奥の院　　Photo:下川弘

立部瑞真ご住職とLan Phuong　　Photo：松山隆佳

京都「仁和寺」の門跡をされた鎮国寺名誉住職

鎮国寺と京都仁和寺

立部祐道
（たて べ ゆうどう）

　真言宗御室派管長総本山仁和寺第50世門跡1940年（昭和15年）広島県尾道市生まれ。中学2年で大阪府河内長野市の延命寺に入寺。1964年（昭和39年）に文学部史学科を卒業。1998年（平成10年）から真言宗御室派の総務部長と宗務総長を1期4年ずつつとめ、2013年6月、同派の総本山・仁和寺の第50世門跡と真言宗御室派管長に就任。自坊は福岡県宗像市の別格本山・鎮国寺。

仁和寺御殿　　　　総本山仁和寺ホームページより

　世界遺産でもある京都真言宗御室派総本山仁和寺の歴史は仁和2年（886年）第58代光孝天皇によって「西山御願寺」と称する一寺の建立を発願されたことに始まり、仁和4年（888年）に完成。寺号も元号から仁和寺となりました。
　国宝「阿弥陀如来坐像」「孔雀明王図」、重要文化財「愛染明王坐像」「多聞天立像」などが有名。

九州圏内の道の駅でトップの売上げを誇る。
「道の駅むなかた」

　福岡市と北九州市を結ぶ国道495号沿線にある「道の駅むなかた」
は、鐘崎漁港をはじめ、神湊、大島、地島の各漁港から水揚げされた、
とれたての魚を買い求めて大勢の人が集まります。

Photo:道の駅むなかたHPより

道の駅むなかた

福岡県宗像市江口1172　☎0940-62-2715　営業時間9:00〜17:00
レストランはまゆう(11:00〜16:00(LO15:30))
定休日第4月曜日、8月15〜17日、年末年始
アクセス九州自動車道若宮ICより30分
http://www.michinoekimunakata.co.jp/

道の駅むなかた
QRコード

店内の様子　　　　　　　　　　　　　　　Photo:松山隆佳

お魚がビックリするほど新鮮で、安い!!

毎朝9時のオープン時
には大行列

Photo:松山隆佳

Photo:松山隆佳

Lan Phuongも大喜び!

Photo:松山隆佳

北斗の水くみ公園

　「道の駅むなかた」のすぐ近くにある海浜公園。ひしゃくの形をした北斗七星が水をくんでいるように見えることから「北斗の水くみ公園」と名付けられた。

出典：Deep Fukuoka ホームページより

Photo:松山隆佳

Photo:松山隆佳

下関の「ふぐ」 呼子の「イカ」は宗像鐘崎産

　宗像市の鐘崎漁港は、質の良い「鐘崎天然とらふく」の水揚げ県内第1位を誇っており下関の南風泊市場で取り扱われる（外海物）天然トラフグの約3割を実は鐘崎産が占めます。鐘崎で獲れた鐘崎天然とらふくの価値を高め全国へ広めようと発案されたのが、鐘崎ブランド「鐘崎天然とらふく」です。玄界灘や響灘の荒波にもまれ、身が引き締まっている分、市場に出回る中でも「最高級のふぐ」と位置付けられています。

　「活きイカ」は、鐘崎漁港の沖合約60キロにある「沖ノ島」近海で鐘崎のイカ船団が釣り上げてきた活きイカです。その他にも、宗像のブランド魚「玄ちゃんアジ」「鐘崎さわら」や、「黒あわび」「赤うに」「わかめ」「めかぶ」「あかもく」なども有名です。

玄海ふぐ

活きイカ

七夕伝説と関係がある？
織幡神社

　織幡神社は古くから鐘崎の人々から親しまれてきた神社で、神事ごとには必ず織幡神社を訪れます。その歴史は古く、宗像大社沖津宮、中津宮、辺津宮の三宮、鎮国寺とここ織幡神社を「宗像五社」とされ宗像地域では古くから宗像大社に続いて朝廷の尊崇が厚かったそうです。

　本社には本地如意輪観音がお祀りしてあり、これは武内大臣のご霊神とされています。また神功皇后が三韓出征の際に赤白二旗の旗を織って、これを宗像大菩薩の竹竿につけられたので、織旗と名付けられたと言われています。その後異族襲来の際に、海浜守護のため、海浜に鎮座されたということです。

Photo:宗像観光ガイドホームページより

宗像鐘崎は

海女発祥の地（織幡神社境内）

　鐘崎は、魏志倭人伝でも伝わる頃からとくに漁が上手だったということですが、漁場が狭く、次第に出稼ぎに出るようになり、五島列島・対馬・壱岐・朝鮮半島から、輪島・舳倉島までの日本海の広範に広がったといわれています。そして各地で漁をして、住みついていきましたが、江戸時代には300人ほどいた海女も、大正には200人、戦前で100人あまり、戦後は30人足らずと衰退してしまいました。

　このことから、日本海の海女の発祥の地と呼ばれています。

Photo:下川弘

Photo:下川弘

沈鐘と巨石（織幡神社境内）

織幡神社境内に、「海女の像」とともに、大きな岩が置かれています。

Photo:下川弘

Photo:下川弘

織幡神社から
沖ノ島が遥拝出来る!!

　織幡神社の参道から階段を上り、本殿を正面にして左手側から、裏山に向かう山道があり、5〜6分その裏山を登ると、沖ノ島が遥拝出来る、ポイントがあります。

　ここ織幡神社もパワースポットの一つです。

Photo:下川弘

Photo:下川弘

織幡神社の裏山から沖ノ島を遥拝する　　　　Photo:下川弘

珍しいラウンドアバウト型交差点
上八
こうじょう

　漁村・鐘崎漁港に近い「上八（こうじょう）」の交差点が2017年にラウンドアバウト型交差点という信号のないドーナッツ型の交差点に変更されています。

　ロータリー方式の交差点といったほうがわかりやすいかもしれません。ちなみに右回りです。

　「上八」は「こうじょう」という特異な読み方の地名ですが、元は「上入」と書いて「カウジュ」と呼んでいたものを「上八」と誤って書かれるようになったらしいです。

　平安時代末期頃に「上八村別名」という荘園があったことから起こった地名ではないかと考えられていますが、年貢をお上（領主）に納入するという意味から生じたのではないかとも言われているようです。

出典：「福岡県地名考」より

Photo:下川弘

122

世にも奇妙な物語

垂見峠 の地名の由来
<ruby>垂<rt>たる</rt></ruby><ruby>見<rt>み</rt></ruby><ruby>峠<rt>とうげ</rt></ruby>

　ある夏の暑い日、若者が不思議な人物に呼び止められ、樽と手紙を芦屋の廻船問屋まで届けてくれるよう頼まれます。

　この暑さにもかかわらず蓑 雨具 をまとい、笠をかぶった異様な風采です。しかし、お礼に目の眩んだ若者は怪しみながら引き受けました。

　峠で一休みしていると、ムラムラと手紙の内容が知りたくてたまらなくなりました。さんざん悩んだすえに、ついに封を開けて手紙を広げてみると「この尻をもって千尻なり」という謎の言葉が書いてありました。

　若者はこの意味を確かめるため思いきって樽をのぞきこみました。すると中には人間の尻がいっぱい詰めてあるのです。しかも、それが、九百九十九もあり、この若者の尻を加えると、ちょうど千になる勘定でした。若者はやっと、手紙の意味がわかり、背筋の凍る思いをしました。

　これはじつは河童の仕業だったのです。このことがあってからこの峠を樽見峠と言うようになり、そして今は垂見峠と書くようになったそうです。

出典：「宗像の浪漫街道」より

※垂見峠は国道495号線宗像市と岡垣町の境にあります。

まるで三女神を現すような不思議な三色のガラス工芸
むなかたびーどろ 粋工房

朱色：沖ノ島朱
おきのしまあか

　　沖ノ島近海の海水から作られた天然塩を原材料に混ぜて調
　　合し作られた。悠久の歴史ある宗像の海の恵みが朱に独特の
　　色合いをあたえています。

緑色：大島翡翠
おおしまひすい

　　大島の砂浜の砂を原材料に混ぜて調合し作られた。試行錯誤
　　の調合の末に辿り着いた翡翠色のガラスは、大島の豊かな自
　　然と海の様に美しく輝きます。

青色：金の岬天色
きん　みさきあお

　　鐘崎・大島・神湊などの漁師さんや貝の養殖場よりアワビの
　　貝殻を譲り受け一つ一つ丁寧に粉砕し、原材料に混ぜて調
　　合し作られました。玄界灘の美しい海のようなスカイブルー
　　です。

Photo:下川弘

新作三色のガラスペンも魅力的

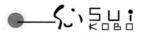

粋工房QRコード

沖ノ島朱	大島翡翠	金の岬天色

沖ノ島近海から取れた塩	大島の砂浜の砂	アワビの稚貝

Photo:下川弘

粋工房株式会社
所在地：宗像市田野2327-6
電話：0940-62-0272
FAX：0940-62-1895

玄海エリア

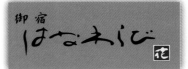

絶品の海の幸を食らう

御宿はなわらび

はなわらびQRコード

所在地：宗像市江口518-1（玄海ゴルフ場横）
TEL:0940-62-0107
FAX:0940-62-1107

ビジネスにも、観光にも、パーティーにも

Royal Hotel 宗像

Royal Hotel 宗像
QRコード

所在地：宗像市田野1303
TEL:0940-62-4111

＼お魚にごちそうさま！／全室オーシャンビュー

玄海旅館

所在地：宗像市神湊485－7
TEL:0940-62-0001
FAX:0940-62-0001

玄海旅館QRコード

玄海エリアの話題の飲食スポット

玄海エリアのホットスポット

神湊漁師直営屋台村
玄海横丁

絶賛!!

玄海天ぷら定食￥1,000-
玄海旅館特製海鮮丼￥1,500-

手ぶらBBQ
牡蠣BBQ
海鮮付きBBQ

Photo:下川弘

Photo:下川弘

所在地:宗像市神湊485－61
TEL:0940-62-0918
営業時間:10:00～17:00
定休日:毎週火曜日
駐車場:22台(無料)

玄海横丁QRコード

玄海エリア

第5章
大島・地島エリア

大島・地島へは「神湊」からフェリーに乗って

神湊は「こうのみなと」と呼びます。
まさに、神に近づく港です。

出典：宗像観光ガイドHPより

神湊港渡船ターミナル　　　Photo:下川弘

神湊港渡船ターミナルの手前には第1駐車場が、ターミナルの奥に第2・第3駐車場があります。駐車台数約560台収容。駐車料金は12時間ごとで第1駐車場は300円、第2・第3駐車場は200円。

魅惑の大島へ !!

出典：宗像市HP市営渡船大島航路より

神湊発 ➡ 大島行

便名	渡船時刻	船名
第1便	7時40分	フェリー「おおしま」
第2便	9時25分	フェリー「おおしま」
第3便	11時15分	旅客船「しおかぜ」
第4便	13時50分	フェリー「おおしま」
第5便	15時30分	旅客船「しおかぜ」
第6便	17時10分	フェリー「おおしま」
第7便	19時00分	フェリー「おおしま」

フェリーおおしま

旅客船しおかぜ

大島航路旅客運賃（片道）

運賃	大島から神湊
大人	570円
小児	290円

大島航路
自動車航送運賃（片道）

車の全長	片道運賃
3メートル未満	3,090円
3メートル以上 4メートル未満	3,830円
4メートル以上 5メートル未満	5,020円
5メートル以上 6メートル未満	5,870円
6メートル以上 7メートル未満	7,470円
7メートル以上 8メートル未満	8,550円
8メートル以上 9メートル未満	9,610円
9メートル以上 10メートル未満	10,680円
10メートル以上 11メートル未満	11,750円
11メートル以上 12メートル以下	12,820円
12メートル超	12,820円に12メートルを超える部分1メートルまでごとに、1,070円を加算して得た額

※時刻・料金は令和5年（2023年）3月13日改定

大島・地島エリア

大島観光マップ

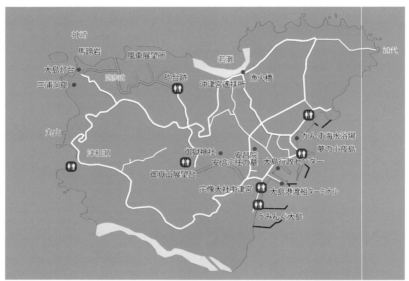

出典：じゃらん.netを基に筆者作成

大島港渡船ターミナルで船を下りたら、下記を選択

①観光案内所で「大島まっぷ」をもらう。
②徒歩で廻る。
③レンタサイクルを借りる。
④大島観光バスでポイントを廻る。
⑤フェリーに車を乗せて、島内を走る。

レンタサイクル

料金：1,000円／1回
時間：午前8時から午後6時まで
問い合わせ先：大島観光案内所
（大島港渡船ターミナル内）
電話番号：0940-72-2226

出典：むなかた観光ガイドHPより

世界遺産　宗像大社中津宮

宗像三女神のうち、湍津姫神をお祀りする
中津宮は、島の南西岸に海を隔て、
辺津宮と向かいあって鎮座されています。

　　大島港渡船ターミナルを出て、徒歩約4分の
所に中津宮があります。前面道路では、皇族下
乗・官幣大社宗像神社の石碑と狛犬、鳥居がお
迎えしてくれます。

境内の池の手前にあるこの鳥居は寛文13年（1673年）に建てられたもの
で現存する大社の鳥居の中では最も古いものだそうです。

Photo:板矢英之

中津宮　見るべき
ポイント❶

"官幣大社宗像神社"の石碑

　日露戦争の開戦となった、日本海海戦に勝利した当時の総司令

官東郷平八郎氏が、宗像大社三女神のご加護があり戦勝をあ

げることができたと感謝され、自筆の「官幣大社宗像神社」と印

した石碑を建立されました。

　※官幣大社とは明治4年5月14日（1871年7月1日）に太政官布告「官社以下定額・神
官職制等規則」により制定された 社格制度 下において、最高の社格です。 主に 二十二社
や勅祭社、神宮号をもつ神社がこれに列格された。 例祭について幣帛は朝廷より供進され
た。 昭和21年の時点で65社の官幣大社が存在していました。

Photo：下川弘

狛犬の台座に書かれている
「奉献」の文字は
第32代内閣総理大臣 廣田弘毅 氏によるもの

※廣田弘毅：福岡市那珂郡鍛治町（現在の福岡市中央区）生まれ。尋常中学修猷館（現福岡県立修猷館高等高校）卒業後、東京帝国大学法学部卒業。外交官を経て、第32代内閣総理大臣に就任。1936年（昭和11年）3月9日〜1937年（昭和12年）2月2日まで内閣は続きました。

Photo：下川弘

宗像大社中津宮 "朝日の参道"

　福津市にある宮地嶽神社の「光の道」は、アイドルグループによる航空会社の
CMで夕陽が参道を照らすことで有名になりましたが、ここ中津宮の参道は、東
の海に面しており、朝日を受けて「光の参道」となります。

　立春・立冬を挟み約1週間の間（2月・
11月）に見ることが出来、春と秋の清々
しい朝日を浴びて、この参道が浮かび
上がる光景は、神々しいと言う言葉が
ぴったりです。しかも、春分の日、秋
分の日の年二回だけは、太陽の光が、
中津宮本殿の鏡を照らします。まるで、
天照大神様が娘神湍津姫に会いに来ら
れているかのようです。

Photo:板矢英之　　　　　　Photo:板矢英之

「七夕」の発祥はここ大島から!!

中津宮の鳥居をくぐって、参道を進むと

右手に「牽牛神社」
左手に「織女神社」

その間には「天の川」が流れています。

織女神社
Photo:宗像市提供

牽牛神社
Photo:宗像市提供

天の川
Photo:下川弘

大島・地島エリア

中津宮 見るべき ポイント❺

本殿、拝殿は福岡県指定文化財

　中津宮の創建年代は不明ですが、本殿は永禄9年（1566年）、辺津宮本殿と同様宗像氏貞によって再建されたとされています。本殿は福岡県指定文化財にも指定されています。

　拝殿は1928年に再建されたもののようです。

出典：文化遺産「宗像大社」
のさまざまな社殿紹介より

中津宮本殿

Photo：下川弘

中津宮 見るべき
ポイント❻

本殿の屋根に置かれている
珍しい形の「鰹木」

　日本建築の神社様式では、屋根の上にバッテンのような「千木」、と樽形
をした「鰹木」が数本置かれています。その「鰹木」は一般的に1本の丸形
が置かれていますが、ここ中津宮の「鰹木」は丸を3本束ねたものと四角を
3本束ねたものが置かれています。

　これらの「鰹木」は、それはとても珍しいデザインであり、陰と陽をあら
わし、3つ束ねたのは宗像三女神をあらわしているといわれています。

Photo：下川弘

古事記・日本書紀に出てくる
「天の真名井」

　古事記・日本書紀の「誓約」で三女神が生まれたとされる話の中で、「十握の剣」を「天の真名井」から湧き出る清水ですすいだとされる「天の真名井」が、境内社務所横から少し下りた所に湧き水として、存在しています。

Photo:板矢英之

142

中津宮 見るべき
ポイント⑧

とても珍しい
「博打の木」の自生地

中津宮本殿の左手奥に「博打の木」というバラ科の常緑高木がある。学名は
Prunus zippeliana。別名、ビランジュ（毘蘭樹）。

樹皮は灰白色で、絶えず古い樹皮が長さ数10cm程度のうろこ状に
剥がれ落ち、黄赤色の幹肌を現すところから、**博打に負けて衣を剥**
がれるのにたとえられ、この名がついたとされています。

Photo:板矢英之

大島・地島エリア

御嶽神社

中津宮本殿の裏手からは、御嶽山の山頂へと 970m の参道が続いています。

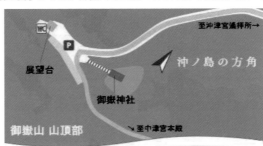

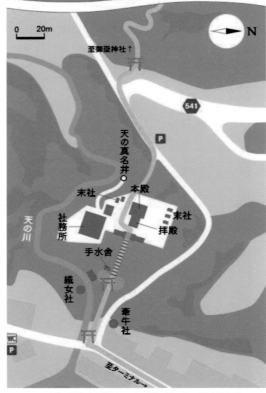

出典：世界遺産「神宿る島」宗像・沖ノ島と関連遺産群HPより

御嶽山と御嶽神社

　「御嶽神社」は宗像大社中津宮摂社であり中津宮の奥宮として古くから人々の信仰が厚いお社であります。

　御祭神は、天照大神と湍津姫命（中津宮奉斎）の二柱を祀っており、遠く天文・弘治（西暦1500年）年間の頃より「嶽祭」の名で盛大にお祭りが行われていたことが記されています。本殿裏からもたくさんの鏡が発見されています。

出典：宗像大社HPより

御嶽神社

Photo:宗像市提供

大島・地島エリア

世界遺産
宗像大社沖津宮遙拝所

　簡単に行くことのできない沖ノ島を遠くから拝む（遥拝する）ために、宗像で沖ノ島に最も近い大島の北の海岸に作られ、今からおよそ300年ほど前の江戸時代中ごろには、今と同じところに沖津宮遙拝所があったようです。

Photo:板矢英之

沖津宮／澳津宮／瀛津宮

　沖津宮遙拝所には、難しい漢字で書かれた「おきつ宮」の石碑があります。天武天皇の異名は、天淳中原瀛真人尊（あまのぬなはらおきのまひとのみこと）と呼ばれ、その記紀に「瀛」の字を用いた「瀛津宮」が出てくるそうです。さらに7世紀前半ころの宗像君一族を代表する人物、胸形君徳善（むなかたのきみとくぜん）の子である、尼子娘（あまこのいらつめ）は、天武天皇と結婚し、高市皇（たけちみ）の母になったそうです。天皇家と宗像地域との関係が窺えます。

参考：むなかた電子博物館（むなはく）

Photo：下川弘

Photo：下川弘

安昌院と安倍宗任の墓

あべのむねとう

　安倍宗任は平安時代、安倍氏の一族と、朝廷から派遣された源頼義が戦った前九年の役で降伏し、京都や四国を経て大島に流されたと伝わっています。

　大島は当時、中国との交易の拠点に位置付けられており、周辺で勢力を持っていた宗像族が、交易にあたり宗任らの力を借りようとしたことも、宗任がこの地に着いた背景にあるとみられています。

　宗任は大島で41年にわたって生活し、77歳で死去されました。罪人として流されながらも、人格者で信心深いことから島民に敬愛され、安昌院は宗任が開基したといわれており、墓の背後には樹齢約900年の榎が近年まであったといい、代々ここで宗任をしのんでいたとみられています。

安昌院　　　　　　　Photo:下川弘

兇弾に倒れられた

安倍晋三元総理は 安倍宗任の末裔だった

史跡 安倍宗任の墓

安倍宗任の墓 Photo:下川弘

安倍宗任

安倍宗任の墓

奥州の豪族・宗任は前9年の役に敗
れて京都に連行され、伊予国からさら
に大島に流罪され、天仁元年（110
8）2月4日77歳でこの地に没した。
約900年を経た大榎（えのき）があ
ったが枯死した。法名は安昌院厳海音
高潮大居士

安倍元総理は、2021年11月1日衆議院選挙投票日の翌日、
奥様昭恵さんと墓前にお参りされました。
凶弾に倒れられた安倍晋三元総理の御冥福をお祈りいたします。

戦争の歴史 砲台跡

　　明治初期の陸軍の創設以来、戦争のたびに北部九州沿岸一帯の
要塞では砲台の建設や補強をして、防衛の強化を図ってきました。
大島砲台は、昭和 11 年に完成したといわれ、昭和 20 年には砲兵
部隊が緊急配備されました。当時、大砲（15 センチキャノン砲）
が 4 門備えられていました。砲台が備えられていたコンクリート
の分厚い基礎は今も残っています。また、敵艦の距離や速度を測る
ための観測所も当時の姿を色濃く残しています。

出典：むなかた観光ガイドより

風車展望所と砲台跡　　　　　　　　Photo:板矢英之

風車展望所

　小高い丘の上に見える赤い風車は、爽やかな海風を受けゆったり
とした時間が流れる最高のロケーションです。
　砲台跡の戦争の爪痕を噛みしめながら、平和の尊さを感じるひと
ときを過ごしてください。天気の良い日は、遠く沖ノ島がはっきり
と見ることができます。

Photo:板矢英之

御神様への恩返し

大島の鳥居は、片側が跳ね上がった
　　　　特別な形をしています。

大島（津和瀬）の鳥居　　　　　　　Photo:小林晃子

夢の小夜島の鳥居　　Photo:宗像市提供

織女神社の鳥居　　　Photo:下川弘

大島島内数箇所と沖ノ島にも設置

「父が鳥居づくりを始めたのは、お神様への恩返し。父は二度もお神様に助けられた。」

そう話すのは、大島の地元漁師で民宿つわせの ご主人、古賀達也さん。私たちは達也さんに、お父様の話を聞きました。

「父が 30 代の頃、素潜り漁をしている最中に、岩に頭をぶつけて意識を失った。意識を失ったことで海水を飲まずに済んだことがよかったのかもしれないが、海上で息を吹き返し、一命を取り留めた。

二度目は、津和瀬沖でのこと。父が自分を含め子ども 4 人を乗せた和船で出かけ、石鯛突きをしていたとき、海中で酸欠状態になり意識を失った。子ども 4 人で船底から父を引き上げようとしたが、子どもの力では引き上げることができなかった。やっと父の上半身を船べりに 上げ、陸に戻った。数日後、意識が回復した。それ以来、父は『 二度も中津宮のお神様に助けられた 』と話し、恩返しがしたいと、鳥居づくりとお宮のご奉仕を熱心にするようになった。」

お父様がつくり始めた鳥居は、いずれも片側が跳ね上がった特別な形をしています。この形の杉の木を探すのは、今では達也さんがなさっているそうですが、見つけるのが大変だそうです。

2018 年には、夢の小夜島の松島神社の鳥居が 20 年ぶりに取り替えられ、青空に映える美しい朱色の姿で立っています。

大島・地島エリア

沖ノ島参道口の鳥居
Photo:「神宿る島沖ノ島」DVD より

御嶽山参道の鳥居
Photo:下川弘

馬蹄岩

　　馬蹄岩には、大島灯台から山道を下っていく少しアップダウン
の激しい細道を5〜6分歩んでいくとたどり着きます。
　　馬蹄型の穴が点在している岩で、田心姫神が馬に乗って沖ノ島
へ飛び渡った時にできた馬の
足跡だと伝えられています。

　　また、その山道の途中には、
「陸軍省」と書かれた石碑が建っ
ていました。

陸軍省の石碑　　Photo:下川弘

馬蹄岩を見下ろす　　Photo:下川弘

馬蹄岩　　　Photo:下川弘

御嶽山展望台

<ruby>御<rt>み</rt>嶽<rt>た</rt>山<rt>け</rt></ruby> <ruby>山<rt>さ</rt></ruby>

　大島の最高峰・御嶽山（標高224メートル）の展望台は、晴れた日に　は沖ノ島や地島、相島、長崎の壱岐などのほか、宗像の四塚連山、英彦山、脊振などの山々、さらには福岡ドームや福岡タワーなどを見ることができます。

Photo:宗像市提供

御嶽山展望台 　　　　　　　　　Photo:宗像市提供

大島灯台

　1926年（大正15年）11月初点灯。 22万カンデラ（光達距離約35キロメートル）の光線は、沖ノ島の灯台に呼応して沖行く船の航海を休むことなく見守っています。昭和48年には自動化されました。どこか映画のワンシーンに使われるようなノスタルジックな場所です。

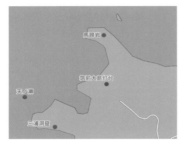

大島灯台　　　　　　　　　　　　　　　　　Photo:小林晃子

日本海海戦・戦死者慰霊碑

　日露戦争での日本の勝利を決定付けた日本海海戦は世界遺産
となった沖ノ島沖が舞台ですが、その地を望む大島の高台にあ
ります。

　慰霊碑には日本語とロシア語での説明もあり敵味方関係なく、
美しい海をバックに建てられているのが印象的です。

　砲台跡・風車展望台の近くにある広場にあります。

　綺麗なトイレもありますので、夏の天気の良い日は、沖ノ島
を遥拝し、夜には満天の星空を見に来るのも良い所です。

Photo:板矢英之

夢の小夜島・かんす海水浴場

夢の小夜島は、連歌師宗祇の筑紫道中記の中で、

「浜千鳥　声うちそへて　おほしまの
　　波の間もなく　誰を恋らん」

と歌われた島です。昔の詩情そのままで、海中に立つ朱色の鳥居と島を覆う松の緑が美しいコントラストを見せています。

夢の小夜島　　　　　　　　　　　　Photo:宗像市提供

Kitchen　KAIKYU　キッチン　カイキュウ

海を眺めながらいただく
ジューシーホットサンド

できたて！

絶品！季節のお魚ホットサンド

Kitchen KAIKYU QR コード

Photo:KAIKYU HPより

宗像産の美味しい食材が
たまりませ～ん

ゴロゴロサイコロステーキサンド

ドリンクも一緒に！

Kitchen KAIKYU

所在地：宗像市大島 901-9

電話：0940-72-2022

時間：11:00 ～ 17:00

宗像大島の塩爺が作る"大島の塩"

　元大島村村長の河辺健治さん・千波さんご夫婦が作る天然塩。
玄界灘の海水を４５日間煮て、結晶になった物を天日干しして、完成させる
ミネラルたっぷりの手作り天然塩です。

Photo:宗像大島 HP より

大島の塩爺こと河辺健治さん
Photo:宗像市提供

Photo:宗像市提供

大島村商店
所在地：宗像市大島 951-1
電話：0940-72-2433
時間：10 時〜 17 時
定休：不定期

自然豊かな地島へ‼

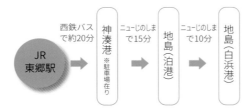

	西鉄バスで約20分	神湊港 ※駐車場在り	ニューじのしまで15分	地島（泊港）	ニューじのしまで10分	地島（白浜港）

JR東郷駅

地島航路旅客運賃（片道）

運賃	白浜から神湊	白浜から泊	泊から神湊
大人	410円	130円	380円
小児	210円	70円	190円

地島航路 自動車航送運賃（片道）

車の全長	片道運賃
3メートル未満	2,170円
3メートル以上 4メートル未満	2,690円
4メートル以上 5メートル未満	3,520円
5メートル以上 6メートル未満	4,100円
6メートル以上 7メートル未満	5,240円
7メートル以上 8メートル未満	5,990円
8メートル以上 9メートル未満	6,730円
9メートル以上 10メートル未満	7,480円
10メートル以上 11メートル未満	8,220円
11メートル以上 12メートル以下	8,970円
12メートル超	8,970円に12メートルを超える部分1メートルまでごとに、740円を加算して得た額

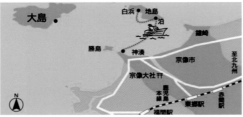

出典：宗像市HP
市営渡船地島航路

神湊発 ➡ 地島行

便名	神湊発	泊発	白浜着
第1便	7時45分	8時00分	8時10分
第2便	10時05分	10時20分	10時30分
第3便	12時20分	12時35分	12時45分
第4便	15時10分	15時25分	15時35分
第5便	16時40分	16時55分	17時05分
第6便	18時20分	18時35分	18時45分

ニューじのしま

※時刻・料金は令和5年（2023年）3月13日改定時点

地島観光マップ

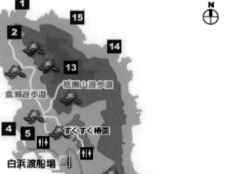

1. **とっくりせ**
   岩がとっくりとさかずきの形をしています。

2. **倉瀬展望台**（くらのせてんぼうだい）
   倉瀬、大島が正面に見え、目の前を航行する船舶が間近に見えます。

3. **倉瀬の燈台**（くらのせのとうだい）
   自動式の燈台で、夕方暗くなると光を点灯し、朝になると消灯します。

4. **甚五郎ヶ下**（じんごろうがした）
   甚五郎という人が漁をしていたところ、あやまって波にのまれて命を落としたそうです。
   地島は危険なところが多いので気をつけて！

5. **古式塩田**
   太陽と風で作り上げる自然塩で、ミネラルがたっぷり。

6. **殿様波止**
   このあたりは磯釣りがさかんです。

7. **厳島神社**（いつくしまじんじゃ）
   本殿には絵馬や犬神様がまつってあります。山笠がここから出発します。

8. **椿油加工場**
   工場に行けば、椿油の精製方法や成分、料理の仕方がわかります。

9. **猫毛山**
   お猿様とも呼ばれています。

10. **大敷展望台**（おおしきてんぼうだい）
    400段の階段を登ったところにあり、北九州方面、大敷網（定置網）、朝日が見えます。

11. **遠見山**（とおみやま）
    地島で一番高い山で186mあります。

12. **沖ノ島展望台**
    遠見山の山頂にあり、黒田藩番所跡や、沖ノ島も展望できます。地島で一番高い山にあります。

13. **祇園山**（ぎおんやま）
    高さが150mで、山の頂上に祇園様がまつられています。

14. **指洞門**（ゆびどうもん）
    ちょうど人が指で穴をあけたように5つの洞門がならんでいます。穴から鐘崎が見えます。

15. **観音穴**（かんのんあな）
    岩の中に観音様がまつられています。
    コウモリが住み着いています。

地島観光マップ

出典：地島.net HP より

島の宝「地島天然わかめ」

潮のしごと、波のしごと、
陽のしごと、手のしごと

Photo:宗像市提供 　　　　　　　　　　　　　　　　Photo:小林晃子

　地島は、人口130人ほどの小さな島。地島の南東の沖合には、玄界灘と響灘の潮がぶつかり合い、その対流によって常に白波が立っているところがあります。潮の流れが速い浅瀬で、島の漁師はそこを「曽根」と呼びます。曽根では品質の良い天然わかめが育つため、50年以上も前から素潜りでわかめ漁をしています。油断すると流されるほどの潮流の中、漁師は命がけで海に潜り、この場所で厳選したものだけを手摘みします。

　浅瀬で太陽の恵みをたくさん浴び、絶え間なく波に揉まれ海の栄養をたっぷりと含んだ地島の天然わかめは、口に入れると柔らかいのにシャキシャキとした歯ごたえ、噛むほどに豊かな香りが立ちのぼり、格別の美味しさです。

「献上わかめ」として皇室へ!!	玄界灘産わかめの皇室献上は、宗像地域の漁業関係者により「海洋神事奉賛会」が設立されたことに伴い、昭和38年から始まり今年で60回目を迎えます。皇室に早春の初わかめを献上し、皇室の御安泰、両陛下のご健康を祈念する行事です。

164

「地島天然わかめ」
ブランド化に託す、島の未来への眼差し

地島天然わかめの掟

一、漁解禁から
　2週間以内に採取

一、漁師が素潜りで
　手刈り

一、その日のうちに
　塩蔵加工

Photo:宗像市提供

　恵み豊かな海に囲まれた地島の主要産業は漁業です。しかし、現在は収入の不安定さから、島で生まれ育った子どもたちの大半は、漁師になることを諦め、島外へ出て行かざるを得ない状況があり、島の人口も減少が続いています。

　しかし、「島で生まれた子どもたちが漁師として生活していける環境を整え、人の暮らしがある島として将来に残したい」という強い願いを持っていたのが、地島の大人たち。その想いを形にするために着目したのが、地島にしかないこの高品質の天然わかめ。あまり知られていませんが、国産天然わかめの国内流通量は約1%以下と希少。このことからも、素潜りのわかめ漁で採取された天然わかめがいかに貴重であるかが窺えます。

　2015年、宗像漁協地島支所や島の漁師たち20人が一丸となり「地島天然わかめ」のブランド化に取り組み始めました。2022年には、地域ブランド化の手段の一つとして、特許庁で地域団体商標登録されました。

　3つの掟を守った最高級品質の初獲れわかめは、一度食べればやみつきになるはずです。

Photo:宗像市提供

椿咲く島の「椿まつり」

2023年3月には泊区で開催。次回は豊岡区で開催！　　　Photo：小林晃子

　　約6000本のヤブ椿が自生する「椿咲く島」地島。毎年1月〜3月頃にかけて花を咲かせる椿を主役に、3月には島をあげて「椿まつり」を開催しています。

　　椿ロードを散策するも良し、鮮魚やワカメ、椿油などの特産品を買うも良し、名物「椿油ごはん」を味わうも良し！地元小学生の音楽演奏やワカメの摑み取り大会などのステージイベントもあり、ほっこりと楽しいひとときを過ごせます。

　　「控えめな素晴らしさ」。椿の花言葉がそのまま表すように、地島は派手ではないけれど、どこか懐かしい、優しいあたたかさがあります。次回2024年3月には第20回目を迎える椿まつり。是非お越しください。

海を渡る「地島山笠」

漁船に乗せて海を渡る山笠　　　　　　Photo：小林晃子

　毎年7月15日、豊漁を祈願して開催される地島山笠は、山を隔てる二つの集落を回るため、神輿が漁船で海を渡る珍しい山笠。

　出発地区は毎年交替し、豊岡区から泊区へ渡ると、翌年は泊区から豊岡区へ。泊区は厳島神社から、豊岡区は牧神社から出発します。

　神輿を漁船に乗せる様子は、最大の見せ場の一つ。船が転覆しないように、男衆の掛け声の勇ましさがぐんと増し、見守る住民や島外からの観客の歓声も盛り上がりを見せる瞬間です。

Photo：小林晃子

安芸の宮島よりも先!?
厳島神社

厳島神社（泊区）

Photo：小林晃子

手前の鳥居には「厳島宮」、奥の
鳥居には「慈島宮」とある。
「地島」は「慈島」だった…？

　地島にも宗像三女神をお祀りする厳島神社があります。そしてなんと、
お祀りしたのは宮島の厳島神社より先、との伝承が残っています。

　それは、沖ノ島から安芸の厳島神社に神様を勧請されるときのこと。大
風に遭った一行は、泊集落に立ち寄り仮屋を建て大風を止むのを待った後、
その仮屋に宗像三神を勧請し、祀ったのだといわれます。

　鳥居の額束には「厳島宮」と「慈島宮」の文字。いずれも「いつくしま」
で同音です。そして、慈島を「じのしま」と読むと、「地島」と同音です。

　慈しみの心・人情味溢れる島民が住むこの島が、昔「慈島」と呼ばれた
という説は、ここにヒントが隠されているかもしれません。

300年前、朝鮮通信使が
地島に寄港

西光寺（泊区）。現在の本堂は1912年に再建されたもの。

Photo：小林晃子

　江戸時代、朝鮮国王が徳川将軍家に友好・平和外交として派遣した朝鮮通信使。通信使の船団は、対馬、壱岐、相島 に寄港した後、下関に向かいますが、そのうち2回は相島出港後、風雨を避けて緊急的に地島に寄港。第8次の正徳元年（1711年）と第9次の享保4年（1719年）のことでした。

　特に第9次は475人の大使節団で、多くの人は船内に宿泊しましたが、三使 正使・副使・従事官 は、西光寺を宿舎としました。一週間の滞在中、三使は詩文を作ったり、対馬藩の儒学者と漢詩の交換をしたりと、地島は朝鮮通信使史上、異彩を放つ歴史を刻むことになりました。

じっくり非加熱の「椿油」

Photo: 宗像市提供

　地島の特産品「椿油」。椿の実は10月頃に収穫し、実を砕きその中の種を取り出して、きれいに洗浄します。

　天日で乾燥させ、11月後半から12月の前半にかけて搾ります。地島の椿油は、椿の実を蒸す工程をしない非加熱式のため、搾られる油は濃度と色が濃いのが特徴です。

　今年、食用油の許可を新たに取得し、名称が「おいしい地島椿油」にリニューアルされました。リニューアルされた新しいラベルデザインは、地島小学校の児童が作成したものです。

　椿油で炊いた地島名物「椿油ごはん」は、一見かしわ飯ですが、椿油のうまみのおかげで、鶏肉が入っていないのに入っているかのような味わい。コクがあるのにあっさりしていて絶品です。

「芋島」復活へ

Photo:地島応援団提供

（上）2022年秋の収穫交流会
（下）さつま芋餡の松ケ枝焼

　地島は、最盛期の1955年には500人以上の島民がいました。今は漁業の島ですが、当時は半農半漁で、島の頂上まで広がった芋畑は、焼酎メーカーが原料の買い付けに訪れるほどで、「芋島」とも呼ばれていたそうです。しかし人口減少や高齢化、イノシシによる被害といった要因が重なり、島の農業は衰退。さつま芋栽培は50年ほど前に廃れたそうです。人口減少も進みました。

　そんな中、島を守っていきたい、という強い思いがある会社経営者や離島振興の担当経験がある市職員等で活動している「地島応援団」は、島民から教わった「芋島」のエピソードをヒントに、「安定した収入源にできるのでは」と栽培再開に挑戦。耕作放棄地を畑に戻し、鉄柵と漁網でイノシシから守り、島内4か所、約700㎡で苗を植え、1トンの収穫に結び付きました。

　地島産のさつま芋は、今では和洋の菓子やおせち料理、焼き芋として消費者の元に届けられています。将来的に島民自らが加工し、出荷できるよう、干し芋の開発にも挑戦中です。たくさんの人に、地島産のおいしさを知ってもらえますように！

第６章

東郷エリア

弥生時代の集落跡
田熊石畑遺跡歴史公園

愛称：いせきんぐ宗像

　県道97号線沿いのJR東郷駅と宗像市役所との中間点あたりに
この田熊石畑遺跡歴史公園があります。約3万㎡の広さの芝生広場
を有する市民の憩いの場でもあり、屋外の歴史学習拠点施設です。
　弥生時代中期（約2200年前）頃の有力者集団が眠る墳墓と集落が見
つかり、平成22年2月に国史跡に指定されました。

いせきんぐ宗像芝生公園　　　　　　　　　　　Photo:下川弘

田熊石畑遺跡
歴史公園

いせきんぐ宗像

【利活用の3本柱】

1.子どもたちを中心とした歴史体験学習会開催
2.夏祭りなど地域イベントの実施
3.市民参加による手づくり整備推進

Photo:いせきんぐ宗像HPより

いせきんぐ宗像QRコード

いせきんぐで宝探し
Photo:いせきんぐ宗像HPより

貯蔵穴

竪穴住居　　　Photo:下川弘

所在地：宗像市田熊2丁目2-13
電話：0940-37-0182
休み：年中無休
（注）案内管理棟・寄合い処は12月29日から1月3日まで休み

九州最大級の集合住宅、次なる50年の暮らしを描く

日の里団地再生プロジェクト

　ＵＲの団地再生事業により西部ガス株式会社や東邦レオ株式会社など10社でつくる共同企業体に譲渡した建物が活用されており、「地域の会話を増やす場所」をテーマにDIY工房やコミュニティカフェなどが整備されたほか、テナントとして保育園や地域の子どもたちの発育支援を行う施設が入居しています。

Photo:下川弘

団地の壁にボルダリングを付けちゃった!!

Photo:下川弘

「ひのさと48」

「団地の壁でボルダリングがしたい」という子ども達が出したアイデアを実現するために、クラウドファンディングで、2021 年 11 月に日の里団地 48 号棟の壁面にクライミングウォールが完成しました。

DIY工房、保育園などで遊ぶ子ども達

Photo:下川弘

地ビール工房もつくっちゃった
「ひのさとブリュワリー」

あまおうサワーエール

福岡県産あまおうを贅沢に使って作られたあまおうサワーエールとアメリカンホップを使ったアンバーエール
（2021年12月発売）

Photo:ひのさと48HPより

大島産甘夏ビール

さとのBEER 大島甘夏ベルジャンホワイト（2022年2月発売）

Photo:ひのさと48HPより

代々宗像大社御造営に関わる
株式会社　弘江組

　代表取締役社長中野順氏の祖父中野弘愛氏の名前から「弘江組」と名付けられ、歴代宗像大社の御造営・保存修理や儀式殿・第二宮・第三宮の移築などに関わられ、その他吉野ヶ里遺跡（佐賀県吉野ヶ里町）の復元や嘉穂劇場（飯塚市）の修復など重要文化財の修復・復元を手がけられています。そして、一般住宅などの新築・増改築・バリアフリーなど「家のため、住む人のためになる家づくり」をモットーにお仕事をされています。

　こうした伝統的な大工技術の継承はとても大事ですね。

平成30年3月から始まった沖ノ島にある沖津宮社殿保存修理工事の様子。足場を組み、素屋根をかけ、屋根の銅板剥ぎの工事は、時化で渡島できなかったり、資材の荷揚げに時間を要したり、難工事であったそうです。

Photo:宗像大社 HP
平成の大造営より

Photo:下川弘

弘江組　QRコード

所在地：宗像市稲元 4-1-20
TEL：0940-32-2567
FAX：0940-32-3918

第7章
赤間エリア

宗像にそびえる四塚連山

四塚連山は、福岡県宗像市と遠賀郡岡垣町との間に位置する四つの山を指します。福岡教育大学から鐘崎漁港にかけて、

城山 <small>じょうやま</small>

金山 <small>かなやま</small>

孔大寺山 <small>こだいしやま</small>

湯川山 <small>ゆがわやま</small>

の順番に続きます。

江戸期には城山に福岡藩の番所が置かれていました。

Photo：下川弘

城山には、お城があった!!

　城山は、古くは赤馬山、蔦ヶ嶽、嶽山などと呼ばれ、かつて
西暦 1200 年頃には山頂に山城があったと考えられています。
1560 年（永禄 3 年）に
宗像大宮司氏貞が改修した「蔦ヶ嶽城」
があり、豊臣秀吉の九州統治により小早川隆景によって取り
壊されたといわれています。山頂からは遠く「沖ノ島」を望
むことができ、ここにも第 32 代内閣総理大臣廣田弘毅の歌碑
があります。城山の麓には、多くの教師を輩出した、国立福
岡教育大学のキャンパスがあります。

Photo:なんでんブログ／城山日和HPより

唐津街道　赤間宿

　唐津街道は、福岡の小倉から、宗像、博多を通って佐賀の唐津へと向かう江戸時代に整備された街道の一つで、当時は、小倉から長崎へと至る長崎街道の脇道として位置づけられていました。

　宗像市を通る約 5km のこの唐津街道の一つは、辻井戸や造り酒屋を始めとする大きな商家など、江戸時代からの建物 が多く残る、筑前 21 宿のひとつ「赤間宿」と、もう一つは、まちに溢れる緑と昔ながらの民家が美しく調和するいやしの風景が広がる「原町」とがあります。
　ここでは「赤間宿」を中心にご紹介します。

Photo:松山隆佳

唐津街道　赤間宿マップ

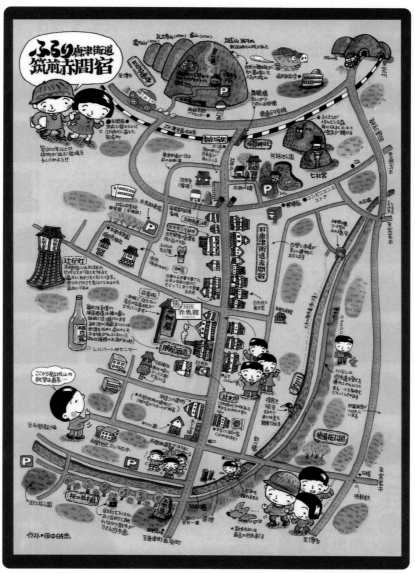

唐津街道　町歩きマップ　　　出典：赤馬館HP より 唐津街道

地元宗像の観光拠点施設
"街道の駅　赤馬館"

　　街道の駅赤馬館は、間口が狭く奥が長い、昔ながらの長屋の造り。風情を感じる空間の中に、展示や和室、喫茶コーナーなどがあり、宗像市内の特産品や美味しい物が沢山置いてあります。

宗像市東部観光拠点施設
施設名：街道の駅赤馬館
所在地：宗像市赤間4丁目1-10
電話：0940-32-3010
FAX：0940-32-4772

Photo:赤馬館 HP より

赤間なのになぜ赤馬？

　むかしむかし、神武天皇がこの地に来られた時のこと、赤
い馬に乗った八所宮の神様が現れて出迎え案内されたので、
赤馬（赤間）と名が付いたとか。

出典:赤馬館HPより

赤馬館　QRコード

Photo:赤馬館HPより

赤間エリア

230年の伝統酒蔵「勝屋酒造」

　今から約230年前の寛政2年(1790年)に、初代山本善市氏が「勝屋」を名乗り、年貢米による酒造りを始められ、代々宗像大社への信仰篤く、酒名『楢の露』は、宗像大社のご神木『楢の木』よりいただいたもので、建立した永代献酒の誓碑は、今でも楢の木の傍らに現存しています。2015年に主屋と煙突が国の有形文化財に登録されています。

Photo:勝屋酒造HP より

城山の清らかなる伏流水が銘酒に

勝屋酒造　QR コード

Photo:松山隆佳

会社名:勝屋酒造合名会社
所在地:宗像市赤間4 丁目1-10
電話:0940-32-3010
FAX:0940-32-4772

赤間宿は
海賊とよばれた男の出生の地

出光興産創業者　出光佐三氏

　出光興産創業者の出光佐三氏（1885年～1981年）は宗像市赤間の出身。「人間尊重」「大家族主義」などの経営理念を掲げ、常に「消費者本位」で事業を展開した。近年、百田尚樹著「海賊と呼ばれた男」が映画化されました。

　佐三氏は、宗像大社を篤く信仰し、戦前の荒廃した宗像大社の姿に心を痛め、復興を誓い、私財を投じて「昭和の大造営」「宗像神社史の編纂」「沖ノ島調査」などを行いました。

　そうした宗像の偉人出光佐三氏の生涯を知らせる常設展示室が2016年11月にオープン。観光ボランティアの方により運営されています。

出光佐三氏
出典：出光興産株式会社HP より

出光佐三氏生家　　　　　　　　Photo:松山隆佳

出光佐三展示室
展示室内には貴重な品々が!!

「敬神愛人」佐三氏書
Photo：下川弘

沖ノ嶋丸の模型
Photo：下川弘

展示室入口
Photo：下川弘

会社名：出光佐三展示室
所在地：宗像市赤間5丁目1-3
電話：0940-26-0085

出光一族から演歌歌手が!!

　2010年日本コロムビアからデビューした宗像市赤間出身の女性演歌歌手 出光仁美さん。

　出光佐三氏とは直接の親戚ではないとのことですが、同じ唐津街道沿いの赤間宿出身で同じ名字ということは、きっとご縁はあるはずでしょう。

　美術の教員免許も持ち、趣味はリクガメの飼育と海釣りという多彩なフィッシングガールでもあるそうです。

【関連サイト】
Twitter　出光仁美
Instagram
アメーバブログ「鶴は千年、仁美は万年」
YouTube　出光仁美のひーちゃんねる

日本コロムビア　出光仁美
ラジオ de ヒットミー
ニッカン釣りちゃん Twitter

出光仁美　プロフィール
生年月日:1984年9月7日
本名:出光仁美
出身地:福岡県宗像市

Photo:(株)ビッグワールド提供

所属事務所:
(株)ビッグワールド
出光仁美オフィシャルサイト

日本コロムビア
出光仁美オフィシャルサイト

幻のお米で作られる「亀の尾」
（合資会社　伊豆本店）

　創業1717年（享保2年）。黒田藩から酒造株を贈られ、宗像の地にて酒造り
を始められる。

　主力の酒米は極上品種の「亀の尾」。戦前、新潟県の名酒を全国に流行させ
た後、病害虫に侵され姿を消したが、「幻の名酒を復活させたい」と11代目社
長の伊豆善也氏が新潟農業試験場に出向き、保存されていた種子200粒を入
手。7年がかりで収穫に成功し、1989年、酒米の名前をそのまま冠した大吟醸
「亀の尾」をよみがえらせたそうです。亀の尾で酒を仕込んでいる蔵元は、東
北、北陸地方を中心に全国で33社。九州では伊豆本店だけ。

会社名：合資会社伊豆本店
所在地：宗像市武丸1060
電話：0940-32-3001
FAX：0940-33-0512

Photo：伊豆本店HPより

八所大明神の伝説 八所宮

　　八所宮に神様が鎮座されたのは、西暦 673 年神武天皇が宮崎県高千穂か
ら奈良県橿原市まで大和の国づくりのために進軍して、宗像の蔦ヶ嶽（城
山）の麓に来られた時、神武天皇の先祖神である八所大明神が、武士の形
に化身し赤馬に乗って現れ、その武士が神武天皇に向かって「こ
の地に私が来たのは、神の思し召しなり。私がこの地の人民を指揮し先導
するので、天皇は心配することなく先へ進まれよ」と言われました。

　　また、八所大明神は、川の水は清く、この土地が吉き地 であり、コ
コに留まることを決められました。

　　このことから「赤間」「吉留」の地名の由来となったそうです。

八所宮門前　　　　　　　　　　　　　　　　Photo：下川弘

4夫婦8神を御祭神として
お祀りする八所宮

いざなぎのみこと
伊弉諾尊

いざなみのみこと
伊弉冉尊

おもたるのみこと
面足尊

あやかしこねのみこと
綾惶根尊

おおとじのみこと
大戸道尊

おおとのべのみこと
大苫辺尊

ういじにのみこと
泥土煮尊

すいじにのみこと
沙土煮尊

八所宮社殿   Photo：下川弘

安康の松 跡
あんこう　まつ

　西暦 465 年安康天皇が、正使中臣朝臣利盛を遣わし八所大明神へ朝廷の繁栄を祈願した。その際に、奉幣の証として、二本の松を植樹したとされています。

　総高さ 30 m、幹周り 6 m になり、天然記念物に指定されていましたが、昭和 30 年頃より松食い虫被害で枯れてしまいました。

出典：安康の松跡看板より

Photo::安康の松跡看板より

幕末の維新の志士　早川 勇

　天保 3 年（1832年）遠賀郡虫生津村生まれであるが、安政 2 年（1855年）に宗像郡吉留村の医師早川元瑞の養子にはいり、勤王志士として一目置かれるようになりました。

　元治元年（1864年）第一次長州征討の時には、薩摩の幕府軍参謀西郷吉之助と長州藩高杉晋作・土佐脱藩志士中岡慎太郎、三条実美ら五卿の間に入って、五卿西遷を果たし、幕府軍 15 万の解兵へと導いた豪傑だったそうです。一時牢獄されるも、明治になって、渋沢栄一らと共に、日本郵船を創設。さらに東京取引所設立発起人となりました。

Photo：下川弘

現在の城山中学校のプールあたりには、
江戸時代 赤間宿の御茶屋（本陣）
があった。

　筑前国福岡藩でいう御茶屋とは、主に宿駅に福岡藩主の別邸として設けられたもので、近隣の諸大名や幕府役人の休泊所として利用されたそうです。現中学校グラウンド中央あたりには池があり、座敷からは城山を借景としていたようです。

　慶応元年（1865年）、攘夷派の公卿 三 条 実 美ら五卿とその従者 50人が 25日間、この御茶屋に滞在したそうです。その間に全国からはせ参じた勤王の志士達は、100人ほどにもなったそうで、その中には西郷隆盛、高杉晋作、中岡慎太郎、そして地元の早川勇らもいたそうです。

復元鳥瞰図

復元間取り図　出典：唐津街道歴史研究所より

2024年春には城山中学校の新校舎が完成予定!!

　「歴史」「文化」「人」の基本コンセプトとともに「未来」「地域」「環境」のキーワードを加えた学校のあり方を考えながら、設計提案された新しい城山中学校が建設中です。

（2023年5月現在）

※注）完成イメージは変更になる場合もあります

資料提供：宗像市、安藤ハザマ・占部・ビルディングDr.・大建設計建設工事共同企業体

宗像大宮司家臣の末裔

1978年創業45年の歴史　占部建設株式会社

　代表取締役会長占部康行氏のご先祖には、**宗像大社の祭礼をつ**
かさどる宗像大宮司の家臣団の一人（神官）で、宗像
氏貞の時代（1580年代頃）には占部右馬の名前があり、
地元では古い家柄で、会社は1978年宗像市東郷駅前にて会社法人を設
立。現在占部建設（株）は福岡市内に本社を移転されていますが、宗像支
社としても残されており、建設業としてだけでなく地元宗像のために社
会貢献されています。

占部家に残る御先祖様の神官像（平安時代）
Photo：占部康行

占部建設（株）宗像支社

～付加価値の創造を目指します～
占部建設株式会社
Value Added Creation!!
URABE Construction

占部建設（株）
QRコード

所在地：福岡市博多区石城町12-5ウインクス石城町
TEL：092-283-6006
FAX：092-283-6007

宗像支社
所在地：宗像市光岡4-5ウインクス光岡
TEL：0940-36-2213
FAX：0940-36-7612

大切な社員を白血病で失った経験から「健康経営」に取り組む
株式会社アビックス

家具・什器、内外装、リフォーム事業

2年連続でのブライト500の認定と県知事表彰を受けられました。

Photo：（株）アビックス

（株）アビックス
QRコード

＜本社＞
所在地：久留米市安武町安武本 3330-8
TEL：0942-27-2733
FAX：0942-27-2773

＜佐賀工場＞
所在地：佐賀市諸富町徳富 124-5
FAX：0952-47-5865

第８章

あとがき

あとがき

　私の出身地は福岡県飯塚市という江戸時代には長崎街道の宿場町として、そして明治期には筑豊炭田の中心地として繁栄し、現在は商業を中心とした福岡市・北九州市のベッドタウンとなっています。

　福岡の県立嘉穂高等学校を出て、熊本大学で大学生活を送り、昭和 62 年（1987 年）に就職のため上京。平成 10 年（1998 年）12 月に父の死去に伴い福岡に戻り、九州支店の営業マンとして働く事になりました。

　宗像市を訪問したのはその頃からで、それまではほとんど御縁が無かった気がします。ただ、宗像の方々の気質なのか、その後市役所を訪ねてみても他の自治体とは違って、とても気さくに話しをしていただく方が沢山おられ、ついつい営業で足を運ぶ回数も増えていきました。

　そんな中、平成 21 年（2009 年）に、宗像が世界遺産登録への暫定リストに加えられたということから、何か自分なりにお手伝いができないものかと考え、まずは応援の名刺作りからはじめ、様々な企業へ宗像を紹介する中で、当時お付き合いのあった日本ヒューレットパッカード株式会社（現株式会社日本 HP）にコラボ企画を持ちかけたところ、思いもかけず全国紙の新聞と TVCM に日本ヒューレットパッカード社の広告でありながら、ほとんどが宗像の紹介という私も宗像市もビックリするような企画が実現しました。一気に「宗像・むなかた」という名前が全国に知られるようになったかもしれません。

　それ以降、お母様が宗像出身という御縁から歌手の森口博子さんをご紹介することで、「世界遺産応援大使」に任命され、登録に向けた様々な活動にご協力いただきました。また、APCC 子供大使で福岡に御縁のあるベトナムの女優グエン・ラン・フンさんをご紹介することで、SNS などを使って世界中に宗像を紹介していただくことができました。

　さらに専門分野であるまちづくりの観点から 3 次元 CG を活用しての「宗像大社周辺整備計画（案）」を作成したり、当時まだ「グランピング」という言葉が今のように普通になる前に「大島グランピング・リゾート構想」を提案しました。その中でセグウェイのような「搭乗型移動ロボットの活用」についても企画提案しました。どれも実現はしていませんが、今でも夢のある企画であると自負しています。

　宗像世界遺産を応援する中で、一番印象に残っているのは、やはり沖ノ島上陸であり、世界遺産登録前に二度上陸参拝させていただいた。一度目は、福岡県・宗像市・福津市の主催による視察で、島に上陸し、海中で禊をするうちに空気感が変わっていくというか、すべてが神聖な気持ちになる不思議な空間である事を感じました。

　そして二度目が平成 26 年（2014 年）の夏にドローンを使った沖ノ島の巨石実測調査でした。これまでの測量とは異なる 3 次元モデル計測と呼ばれ、最新の測量技術・ドローン技術を使っての実測調査は、私にとって、非常にワクワクする体験でもありました。

　令和 3 年（2021 年）秋には、コロナ禍で福岡 -- 釜山を就航することができなかった JR九州高速船のクイーンビートル・ビジネスクラスを貸し切っての「沖ノ島洋上参拝ツアー」

を企画しました。高波のため残念ながら出港できませんでしたが、船内では、宗像の食材を使った豪華特製弁当や、鎮国寺立部ご住職・現役海女の本田藍さん、宗像歴史観光ボランティアガイドの方々などからのお話。そしてそがみまことさん・三宅美紀子さん・櫻野貴史さんによる特別企画「時満ちて道ひらくコンサート」で盛り上がりました。その他にも、「東京宗像会」や「国際環境会議」への参加、「ミス・インターナショナル　ファイナリスト３名の宗像大社訪問アテンド」など、宗像の御神様にお参りしてからと言うもの、普通の建設業の営業マンではお会いできない数多くの方々との御縁を頂くようになりました。そうした数多くの出会いと共に、友人達を宗像に案内する事が多くなり、自身で「旅のしおり」と言うものを作っていました。「宗像に来たらココは行った方が良い」とか、「こんな不思議な話がある」と言うことをまとめた小冊子でしたが、回数を重ねるごとにページ数が増えていきました。実はこれが本書の「幸せをよぶ　むなかた」の原本となっています。

　私たちは、学校で学んだ歴史や知識は、「知っているようで、意外と知らないことだらけ」のような気がします。しかし、この宗像には、学んだ歴史や必ず聞いたことのある物事の「本物」が数多くあります。それは「神話の時代」から「現代」においてまでもずっとつながっているから面白く、そして魅力があるのかもしれません。

　本来は、世界遺産登録５周年記念事業の一つとして令和４年度（2022年度）内に出版する予定でしたが、本書をまとめ書き進んでいく内に、宗像にはまだまだ面白いことが沢山あることがわかり、あれもこれもと調べていく内に、どんどんとページ数も増え、時間も原稿締切り予定日を大幅に超えてしまいました。本書に書き切れていないことや、多少誇張した書き方をして誤解を招く事もあろうかと思いますが、どうぞご容赦願えればと思います。

　本書をまとめるにあたり、ご協賛いただきました企業様、ご協力いただきました皆様に感謝申し上げるとともに、共著者の小林晃子さん・小幡嘉代さんはじめ、梓書院の田村社長・前田司さん・高橋侑樹さん・デザイナーさん・関係者の皆様には大変お世話になりました。あらためて感謝と御礼を申し上げます。

　最後に、読者の皆様にとって、本書が新たな御縁を紡がせていただける「幸せをよぶ出来事」のきっかけになれば幸いです。

令和５年5月

下川弘

あとがき

あとがき

　３５年宗像で暮らし宗像に育まれてきた私からは、一個人の感覚ではありますが、宗像という地の風土についてお話ししたいと思います。

　「貴方はオープンだから、大丈夫」。

　東京転勤時代のある日、仕事で上京された久芳昭文前副市長と夕食をご一緒した際、こんなふうに長所を認めていただいたことがありました。今も心の戸棚に大切に飾ってある言葉ですが、このとき咄嗟に思ったのは、「私のこの長所は、宗像の風土で育まれたものだ」ということです。

　宗像というまちが私を育んでくれたと思う何より大きな出来事は、中学２年生の夏のこと。私は「世界」と出会いました。

　きっかけは、市教育委員会主催の「宗像市少年少女海外派遣研修使節団」です。平成３年に始まったこの事業は、市内の中学生を一週間ニュージーランドに派遣し、学校交流やホームステイ、ファームステイを通して、外国の文化・言語・生活を直接体験し、国際的視野を持つ次世代層を育てる、という取り組みでした。

　当時、私は初日から体調を崩しホームシックにもなりましたが、国境・言語を越えた人の優しさ・あたたかさを知りました。また、自分や日本との「違い」は「おかしい」ことではないと気づき、相手も自分も尊重することの大切さを、身をもって体験しました。

　好き嫌いではなく相手の目線や立場に立って「違い」を受け止め、人の笑顔と幸せを願うことのできる人が、「国際人」としての重要な要素なのだと理解しました。この全身で掴んだ学びは、その後の私の在り方の礎となっています。

　私がオープンだとすれば、それはこの事業をきっかけに、心の持ちようを拡げてもらったからです。今の私が在るのは、宗像市が提供してくれた「人を育てる」という意思に基づいたこの事業のお蔭にほかなりません。

　人を受け容れ、繋ぎ、育む土壌の歴史は、古代から始まっていると感じます。

　古代、日本と大陸との交流の舞台が、ここ宗像でした。朝廷と連携をとりながら外交や貿易が行われ、日本と海外を繋ぐ拠点となっていたことから、宗像は「元祖国際都市」とも言われます。

　また、大陸へ向かう厳しい航海において、沖ノ島は「道しるべ」となる存在でした。多様な人々が行き交いながらも、争うのではなく、お互いを受け容れてきた宗像人。その、他を受け入れる懐の深さや強さ、人の育みへの眼差しが、宗像というまちの風土として、宗像で生きる宗像人のＤＮＡとして、息づいていると感じます。出光興産創業者の出光佐三さんや、「東洋のペスタロッチ」と呼ばれた教育者である安部清美さんらを輩出し、宗

像が「教育のまち」とも言われることにも繋がっているように思います。

　しかしながら、市職員として働いてきて、気づいたことがあります。このまちを人間に例えるなら、「無口」または「口ベタ」な性格なのではないかということです。

　昨年初めて山口県萩市に伺ったことで、その気づきは確信に変わりつつあります。萩市には、２０１５年世界遺産に登録された「明治日本の産業革命遺産」のうち、「松下村塾」をはじめ５つの構成資産があります。萩というまちは、雄弁でした。しっとり、どっしり、瑞々しく、美しい街並み。道が、建物が、木々が、これが萩の歴史と誇りだ、とまちの方から語りかけてくるようでした。かつて、このまちで生きた人たちが連綿と紡いできた社会への熱い眼差しが、見えるようでした。

　宗像市は雄弁な萩市と違い、街並みから滲み出るような「世界遺産感」「歴史あるまちっぽい佇まい」は、萩市ほどには感じられません。しかし、我がまちの世界遺産構成資産のメインである「沖ノ島」は、島そのものがご神体であり、「不言様（おいわずさま）」をはじめとする禁忌を、古来守ってきたのが宗像人です。「神宿る島　沖ノ島」が守られてきたのは、「神守る島　大島」の存在も大きく、「無口」「口ベタ」なのは、宗像人が強い意志をもって伝統を守ってきた所以なのです。

　きっとそのＤＮＡが、現代も宗像人に息づいているのでしょう。出光佐三さんも、私財を投じた宗像大社再建において、自身の名を残すことはなさいませんでした。宗像人の控え目なところ、慎ましさも、私にとって誇らしい点の一つです。

　２年弱の東京転勤を除き、３０年以上ずっと宗像で暮らしてきた私でも、市職員という職業、観光部署の職員として大島・地島で勤務した経験がなければ知らなかった歴史や文化が多くあり、驚くと同時にもっと多くの人に知ってもらえたらなあと思うことがあります。そんな折に、幸運にもこの本の出版に携われるお話を頂きました。これも、私を育んでくれた宗像、大島、地島の皆さん、海外や東京での経験のお蔭です。他人と自分の多様性を受け容れ、人と人を繋ぎ、「自分らしくいられる」と思えるこのまちには、人を幸せにするチカラがあると思います。この本では、そんなチカラに包まれたこのまちのスポットを沢山ご紹介しています。

　この一冊が、皆さまとのご縁を繋ぎ、宗像を楽しむ旅の「道しるべ」となれば幸いです。

令和５年５月

小林晃子

あとがき

　8年ほど前に世界遺産登録に向けた様々な支援に関わらせていただきました。3人の女神様を奉る宗像大社様は全ての道を開く神様です。

　2022年、ミセスグローバルアースというミセスコンテストに、ご縁あって参加させていただき幾度となく世界遺産の地宗像へ伺いました。有難く福岡グランプリをいただき、宗像について発信させていただけた事は私自身地元の良さを改めて感じる良い機会となりました。

　神の島「沖ノ島」は女人禁制です。一説によると女神様が嫉妬するからとか…

　また別の説によると沖ノ島付近の海は波が高く男性でも命がけの航海となったようです。女人禁制は女神様の優しさゆえでないかと思えてなりません。

　もっと多くの方に世界遺産の地宗像を知って欲しい。

　もっと多くの方に宗像に来て歴史に触れて欲しい。

　そう思っていた時に、今回のお話を頂戴致しました。

　このような形で宗像のご紹介に関わらせていただけますことが大変嬉しく、お導きと感じております。

　今回お声かけいただきました下川様をはじめ、出版に際しご尽力いただきました全ての皆様に心から感謝申し上げます。

　本書『幸せをよぶ　むなかた』は旅本ではなく、幸せのバイブルかもしれません。有難いご縁を頂いてからは、大切なスタートはいつも宗像大社様からと決めています。この本を手にしてくださった皆様の新たなスタートが三女神様のお導きのもと幸せへと続く道が開けますように祈念しております。

令和5年5月

小幡嘉代

著者紹介

下川　弘

1961年福岡県飯塚市生まれ。
㈱アクロテリオン代表取締役／C&C21 研究会理事
1987年熊本大学大学院工学研究科建築学専攻修了。
同年㈱間組（現安藤ハザマ）入社。建築設計部・技術本部、経営企画部、九州支店営業部などを歴任。
2019年 ㈱アクロテリオンを設立。 2021年独立。これまで世界33ヶ国を廻った知見を活かし、建設コンサルタント・まちづくりアドバイザー・大学非常勤講師などを行う。一級建築士／専攻建築士／工学修士

小林晃子

1987年福岡県宗像市生まれ。
宗像市職員
2010年九州大学文学部卒業後、同年宗像市役所入庁。グローバル人材育成事業、国民健康保険事業、離島振興事業に携わる。途中、日本の次世代リーダー養成塾（東京都）出向。出向中に発足した東京宗像会事務局を担当。現在、介護保険課。地島応援団 団員

小幡嘉代

1970年福岡県北九州市生まれ。
㈱アビックス専務取締役／C&C21 研究会事務局次長
1988年福岡銀行入社、 2010年東横イン支配人を経て、現職。女性のための防災グッズ 「 Woman's Emergency Bag 」の開発者。
行政書士・防災士・インテリアコーディネーター。
2022年ミセス・グローバルアース 福岡グランプリ

協　賛

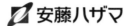

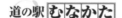

いせきんぐ宗像
Iseking MUNAKATA

大島村商店

後　援

協　力

C&C21研究会

森口博子

Lan Phương

社団法人日本音楽事業者協会会員
株式会社ビッグワールド

出光仁美

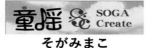

そがみまこ

三宅美紀子

村上バイオリン教室

村上ふみ

あなたの想いを映像に

Grape House

早田　信

海の道 むなかた館

(株)フリーダムエンターテイメント
演劇集団　フリーダム

Colorhythm Risa

谷井　博美

久芳　昭文

安部　芳英

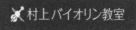
松山寫眞事務所

板矢　英之

古賀　達也

岩佐　芳弘

沖西　敏明

福津市教育委員会文化財課

幸せをよぶ　むなかた　　2023年（令和5年）7月1日第1刷発行
　　　　　　　　　　　　　2023年（令和5年）8月1日第2刷発行

著　者　下川　弘 / 小林晃子 / 小幡嘉代
発行者　田村志朗
発行所　㈱梓書院

〒812-0044 福岡市博多区千代3-2-1
tel 092-643-7075　fax 092-643-7095
印刷製本／大同印刷㈱
ISBN978-4-87035-763-1　©2023 Hiroshi Shimokawa, Printed in Japan
乱丁本・落丁本はお取替えいたします。
本書の無断複製は著作権法上での例外を除き禁じられています。